2016

Discourse Studies Forum

话语研究论丛

第三辑

田海龙　主编

南开大学出版社

天津

图书在版编目(CIP)数据

话语研究论丛. 第三辑 / 田海龙主编. 一天津：
南开大学出版社，2016.12
ISBN 978-7-310-05347-6

Ⅰ.①话… Ⅱ.①田… Ⅲ.①话语语言学－文集
Ⅳ.①H0－53

中国版本图书馆 CIP 数据核字(2017)第 046066 号

南开大学出版社出版发行
出版人：刘立松
地址：天津市南开区卫津路 94 号　　邮政编码：300071
营销部电话：(022)23508339　23500755
营销部传真：(022)23508542　　邮购部电话：(022)23502200
＊
唐山新苑印务有限公司印刷
全国各地新华书店经销
＊
2016 年 12 月第 1 版　　2016 年 12 月第 1 次印刷
260×185 毫米　16 开本　10.25 印张　194 千字
定价：36.00 元

如遇图书印装质量问题,请与本社营销部联系调换,电话:(022)23507125

《话语研究论丛》编委会

目　录

《话语研究论丛》第三辑
2016 年
第 1-13 页
南开大学出版社

专　稿

哈贝马斯哲学社会学思想对批评话语分析的影响*

◎　尤泽顺　　　福建师范大学外国语学院

摘　要　哈贝马斯对批评话语分析（CDA）研究具有重要影响，其社会批判视角和批判阐释分析在研究思路、研究方法及分析方法上为后者提供了借鉴；普遍语用观点为通过语言分析理解话语与社会现实的互构提供了重要的哲学和社会学基础；对理性、社会和语言及它们之间关系的讨论和揭示成为后者进行更深入研究的关注点和出发点。

关键词　批评话语分析；社会批判视角；批判阐释学；普遍语用学；交往行为

1. 引言

目前普遍认同的一种观点是法兰克福学派对批评话语分析（CDA）研究具有最为直接和重要的影响，其中，又以哈贝马斯的影响最为显著（Forchtner，2011；Zhang, et al.，2011；Wodak，2012；Wodak & Meyer，2015）。他的交往行为理论总结、反思和修正了其前期理论观点和研究实践，致力于消除传统哲学中主客体分离和对立，提倡一种观察世界的哲学整体观。该理论为 CDA 通过语言分析理解话语与社会互构提供了重要的哲学和社会学基础，其研究思路和研究方法也被吸收到 CDA 研究中。这些主要理论观点包括：社会批判视角、批判阐释分析方法、普遍语用观点及交往行为理论。

2. 社会批判视角

法兰克福学派与哈贝马斯对 CDA 的影响首先表现在后者对前者社会批判视角的吸

*　通讯作者：尤泽顺
联系地址：福建省福州市（350007）仓山区上三路 8 号，福建师范大学外国语学院
电子邮件：youzsh@fjnu.edu.cn

收。对于该理论，其创立者霍克海默（1998）认为，批判理论首先必须是一种政治立场、一种政治实践，然后才是一种理论，是一种实践和理论的统一体，是一种批判社会现实的哲学理论。据此，霍克海默与阿多诺（2006）对启蒙如何从一种进步的文明逐步导向野蛮的事实进行深刻的批判。阿多诺（1993）本人也指出，哲学必须无限接近社会现实，并从理论上解释社会现实，同时，哲学又必须超越和批判社会现实；哲学不能以理性的真理或事实的真理作为自己的标准，必须保持自身不断批判和进取的精神，保持对事物"非同一性"的清醒认识。辩证法是一种否定的辩证法，批判理论就是否定辩证法批判社会现实的实际应用，通过批判和揭露社会中的问题，唤起人们的解放意识，最终达到人性的解放（余灵灵，1998：22）。就研究方法来说，法兰克福学派从霍克海默之后就一直批评实证性研究，推崇整体性的批判理论研究。霍克海默认为，实证性研究"在认识功能方面把概念、范畴凝固化，把认识过程当作纯粹的逻辑过程，不能在主客体的运动变化中认识世界；在社会功能方面不能超越现存的社会制度，不能纵观现存的社会制度，因此不能全面地批判现存社会制度的不合理性"（余灵灵，1998：25），只有批判理论才能消除理论与实践的界限，并从整体上窥见社会的不足。阿多诺提出，研究社会问题应该以社会总体和社会运动规律为对象，不应该以个别现象为对象，经验方法应服从于理论研究，虽然经验研究可以得出有效的和客观的结论，但它们并不一定是关于对象的客观结论，社会本质上保护着主体和人的主观性因素，不能完全用自然科学的研究方法来研究（余灵灵，1998：26）。

对此，哈贝马斯很欣赏，但又不甚满意（余灵灵，1998：36）。首先，他不同意霍克海默和阿多诺把哲学和现实对立起来，认为现实的一切都应该接受哲学的批判，主张哲学既接近又远离常识：哲学既与常识保持一致关系，又超越现实，对日常知识进行分析批判，因此，哲学既要考察作为整体的社会，也要考察社会中的个体。其次，他不同意传统批判理论否定现存一切的做法，主张采取既批判又建设的态度，对于当代资本主义既要进行批判，同时也要设法进行改良，这实际上为他后来"交往理论"的提出埋下了伏笔。再次，他不同意法兰克福学派在研究方法上完全排斥经验哲学、分析哲学的做法，主张把经验主义和分析方法纳入整体的社会批判理论体系中。在此基础上，哈贝马斯提出自己的社会批判理论设想：它是经验科学的，但又不能还原为经验分析；它是哲学的，但这是就哲学本质上是批判的意义上，而不是就哲学是形而上学的意义上来说的；它是历史的，但又不是纯粹的历史主义；它是实践的，但不是技术——管理控制意义上的实践，而是求解放意义上的实践（余灵灵，1998：33）。纵观他对传统批判理论的批评以及他自己的新设想，哈贝马斯批判理论最重要的特点是他在理论上和研究方法上都竭力采取一种调和的、中庸式的立场，即他力图克服以往哲学社会批判理论中那种相互对立、非此即彼的做法，吸取各方的优点，并将它们结合起来，形成新的批判理论。这种调和式批判视角对他后来的研究影响甚大，他的"交往行为理论"正是依照这一立场，竭力摆脱传统哲学一直以来主客体分离的研究，转向主客一体的主体间性和交往行为。

这一批判理论对于 CDA 研究具有特别的意义。CDA 命名时在 discourse analysis 前加上 critical 一词，并在不同场合表明自己与传统的 non-critical 语言学研究存在明显差异，其实就是要特别强调法兰克福学派和哈贝马斯社会批判理论是它的理论基础，语言学理论和研究主要是作为它研究和分析的手段。就一些具体的表述来看，CDA 在很多时候甚至完全照搬法兰克福学派批判理论的观点。范戴克曾指出，"CDA 必须具有明确的社会政治立场……尽管不是在理论形成和分析的各个阶段都具有这一倾向，CDA 的工作不可否认最终都是具有政治性的……它们研究的问题都是'实质性'问题，即那些对许多人的生存和幸福造成威胁的问题……"（van Dijk，1993：252）。这一表述看起来更像是重复霍克海默和哈贝马斯说过的话。其次，CDA 把具体语言使用和话语策略分析与整体的社会政治语境和历史文化语境研究相结合的做法实际上正是哈贝马斯主张的"既要考察作为整体的社会又要考察社会中的个体"这一批判研究思路在话语分析中的实际运用。再次，哈贝马斯提出的"对现存一切不能采取完全否定的态度，而是要采取既批判又建设"的做法也得到 CDA 的明确回应。后者指出，他们的工作就是通过分析具体的语言使用来揭示话语与社会间的互动关系。他们还强调，其研究主要集中在揭示话语中潜藏的意识形态、权力、支配、不平等的社会结构和关系等，即他们的批评目标主要是那些实施和维持社会不平等和不正当关系、使这些关系合法化或对它们采取容忍和视而不见态度的精英阶层，帮助弱者维护他们的权力和利益（van Dijk，1993：252；Wodak，2006：4）；对于那些合理合法的结构和关系，他们并没有加以否定。此外，在研究方法方面，CDA 采取的是哈贝马斯主张的那种调和式的、兼容并蓄的方法，他们同意哈贝马斯关于研究社会问题是一个复杂的工程，需要多学科结合和多方法结合的观点，提倡在话语分析时应根据具体研究问题采取多学科的、跨学科融合的研究方法。因此，尽管 CDA 与法兰克福学派一样在许多时候都愿意采取整体性的批判方法，他们与哈贝马斯一样并不排斥经验主义和实证主义，其研究往往表现出既有哲学分析和历史分析，又有经验分析和实证分析，只不过是不同分析往往根据不同研究目的用在研究过程的不同侧面。

3. 批判与反思的阐释学分析方法

哈贝马斯这种批判和建设性共存的研究立场和调和式的批判视角使他后来与法兰克福学派传统批判研究在理论观点和分析方法上渐行渐远，其中之一就是关于社会科学的实质和分析方法问题。

不过，在最初的讨论中，哈贝马斯并没有完全与霍克海默及阿多诺决裂。他在研究初期主要是指出自然科学和人文科学之间的不同：首先，人文科学与自然科学的对象不同，自然科学面对的是经验事实，人文科学则面对价值判断，价值判断与自然选择和实践评价有关，即与人的主观性有关，人文科学不能完全采取自然科学的方法；其次，人文科学的真理不能只从结果的有效性去考虑，不能以工具理性为指导（余灵灵，1998：49）。但是，他并不满足法兰克福传统批判理论对于实证研究的忽视，竭力寻求一种批判性哲学与实证性社会科学相结合的批判理论。在伽达默尔阐释学、西方语言学及语用哲学的启发下，他提出了"批判的阐释学"，将注意力转向了以语言为中心的交往过程，以此消除哲学批判和实证研究之间的对立。他指出，阐释学不应该仅仅是理解和被理解的方法，它更应该是一种批判和反思，"经过反思式的决定带给我们与意识有关的语言体验，这些语言体验是我们在运用我们交往能力的过程中，也就是靠在语言中的运动获得的"。它是"对熟练的理解和使自己被理解的方式的反思"，又是"对使他人信服和说服他人的方式的反思"（余灵灵，1998：54）。很显然，他认为，人文科学的价值判断具有很强的主观性，而自然科学方法虽具有客观性，但由此得出的结果有效性并不一定与人文科学研究的目的有效性相一致，必须通过一种批判和反思的方式尽量消除前者的主观性和后者的不一致性，才能最终得到比较准确的答案。

这一批判阐释学的研究思路在后来的《认识与兴趣》一文中得到比较完整和系统的阐述。哈贝马斯（1999a）在文中回顾了西方哲学从本体论到认识论的转变及研究中心由"客体"转向"主体"等问题，指出这种转变并没有改变西方哲学长期以来存在的主客体分离问题，但是这一转变却带来一个意想不到的后果，科学问题不再被从哲学意义上来理解，而是被从认识论上来理解，即科学问题只与求真有关，与人的真、善、美等关系不大，科学由此对哲学形成挑战，即科学的有效性不再需要哲学的保证；不仅如此，随着实证主义的兴起，科学主义取得全面的统治地位，哲学自身的存在价值受到质疑，甚至需要科学来进行证明。认识论问题逐渐退化为方法论，结果导致了"认识是对客观实在的描述"和"关于事实的陈述是关于事实的要素的翻版"（余灵灵，1998：62）等观念的流行。在此过程中，主体也丧失了自身的主体性，沦为方法论的配角，于是就只剩下工具理性的统治。因此，哈贝马斯指出，客观主义实际上就是以"似乎无可怀疑的、自在的事实世界的假象欺骗科学，隐匿这些事物的先在结构"，客观主义的这种幻象只能靠推动方法论的反思来克服，或者说，只能靠科学的反思来超越；只有使认识回到生活世界，认识主体才能恢复其主体性，只有恢复认识主体的主体性，才能恢复意义和价值领域，完善人对世界的认识（余灵灵，1998：62）。

为进一步说明批判阐释学的意义，哈贝马斯引进了"兴趣"一词，并指出人类的认识与人的兴趣相关（哈贝马斯，1999a）。人的认识兴趣可以分为三类：技术的兴趣、实践的兴趣、解放的兴趣。技术的兴趣指的是人类对于预测和控制自然的兴趣；实践的兴趣指的是人类对于保障和发展生活中的相互了解和自我了解的兴趣；解放的兴趣指的是人对摆脱束缚、获得自由的兴趣。技术的兴趣与自然科学相关；实践的兴趣与人文科学及历史科学相关；解放的兴趣与具有批判倾向的科学，如心理分析、意识形态批判和反思批判哲学相关。其中，解放的兴趣具有指导性品质，技术的和实践的兴趣不能脱离解放的兴趣。在此，人获得自由的兴趣被置于优先地位，这实际上体现了哈贝马斯对追求"自由""民主""解放"等启蒙思想的认同，也表明他对恢复人在认识中的主体性问题的努力及对纯实证主义、科学主义的批评。由于认识是由人的兴趣所决定的，而兴趣是人的内在属性之一，认识具有主体主观性，不是纯粹的客观；认识不仅是对客观实在的探索，它还包含着人的主观价值判断，不能用工具理性来代替一切，而应超越工具理性，进行自我反思，使认识达到同主体的兴趣的一致，认识的主体性才能实现真正的自由和解放。表现在研究方法上就是科学实证主义不能取代其他一切研究方法，它必须服从于主体的认识及兴趣，并与之保持一致。

在此，哈贝马斯虽然是在讨论认识论问题，但实际上是通过认识论的讨论来指出方法论的使用问题，其目的是使哲学的认识论和方法论切入社会生活，用哲学的方法来指导社会学研究。同时，他也想再次说明，实证主义在具体研究中有其优势，也有一定的局限性，在社会研究中既不能完全倒向科学实证主义的研究方法，也不能对它不加区分地排斥，应该在阐释学的框架内，把实证主义研究方法纳入其中，通过主体的反思和批判，使研究结论无限接近真实。

哈贝马斯对于社会科学分析方法的看法对 CDA 颇具吸引力，后者在研究中经常使用的分析方法就是哈贝马斯的批判阐释方法。在 CDA 之前，语言研究占主流的是科学主义，不管是结构主义语言学还是转换生成语言学，它们的研究对象都是脱离社会的抽象的语言学系统，它们都力图对语言系统做出客观科学的分析。功能语言学虽然指出语言具有社会功能，但它关注的重点仍然是语言材料本身，其分析方法并没有摆脱科学主义的"客观分析"，社会语言学力图指出语言与社会的关系，但这种关系的建立仍然依赖于局部的经验研究和调查数据，对于人的主观性和价值判断很少予以考虑。CDA 的出现和发展从某种程度上来说是对语言研究中的纯粹科学主义的"挑战"，但它又没有对科学主义采取完全否定的态度，而是力图把科学主义纳入批判阐释学的框架，使两者相结合。费尔克劳（Fairclough，1989）提出的描写、阐释和解释三步骤的研究程序就是其中的代表之一。这个研究程序基本上是批判阐释学的分析框架，但是在描写阶段，许多研究运用了科学客观主义的方法，如许多研究以语料库（自建或通用的）为研究对象，借助于语料库分析软件、统计软件和数据等对语言材料进行分析，并以数据的方式呈现出语言使用的趋向或特征，这样描述的目的是使人们对语言材料具有比较直观的认识。不过，这些描述并不是研究的最终结论，它们只是研究的第一步，在此基础上，研究者需要结合各种因素对其进行阐释和解释，从而实现研究的批判和反思。通过批判和反思，研究者不是仅仅为了"客观"地呈现语言材料的倾向，而是通过对语言材料的分析和解释来暴露出语言使用中潜藏的权力关系和不平等关系，并以此推动社会变革和人类解放。换句话说，CDA 原则上对哈贝马斯关于"解放的兴趣是人类的最高兴趣，技术的兴趣与实践的兴趣最终应为解放的兴趣服务"的观点以及他提出的哲学阐释学与实证社会科学相结合的"批判阐释学"是比较赞同的。因此，CDA 虽然对纯粹的实证主义不太满意，但对于人文科学研究的科学性却并不否认，它们认为，"虽然它们（CDA）的活动具有政治性（politically committed），但是依然具有适当的科学性，并且由于它意识到自己的政治、意识形态和伦理态度（即进行了反思——作者语），或许就更具有科学性"（Kress，1990：85）。基于这种观点，费尔克劳在其研究中努力想把 CDA 构建为一个具有科学性的学科（Fairclough，1989，1992，1995），沃达克则直接宣称 CDA 就是一种"社会性质的科学范式"（Wodak，1996：20）。

4. 连接哲学与社会现实的语言使用

在完成对哲学与社会学相结合的社会批判理论的构建和哲学阐释学与科学实证主义相结合的批判阐释学的方法论构建后，哈贝马斯开始考虑如何使哲学研究指向社会现实研究。这一研究主要从两个方面——西方资本主义的现实和批判阐释学的反思与批判——来阐述，在此基础上找出哲学和社会现实相联系的理论设想——普遍语用学（哈贝马斯，1989）。

关于西方资本主义的社会现实问题，哈贝马斯反思和扬弃法兰克福传统批判理论对启蒙理性的批评，并提出自己的看法。传统批判理论认为，科学技术和科学研究方法源于启蒙理性，又反过来促进理性的发展；随着科学化倾向的不断加强，科学技术逐渐变为一种意识形态，反过来对理性造成侵蚀和约束。霍克海默和阿多诺指出，启蒙的核心内容"理性"起源于对神话的反对，其目的是为了摆脱神话、战胜迷信，使人成为世界的主人，然而理性主义启蒙在取得胜利的同时却走向自己的反面，蜕变为一种新的神话；启蒙的本质是希望通过战胜自然和改造自然使人获得自由，但是，随着人们借助科学技术的发展而不断加强对自然的支配和改造，人们自身也不断受到理性的约束和侵蚀，从而失去了自由（余灵灵，1998：17-18）。这就是说，理性的启蒙文明正导致野蛮的事实，理性成为工具理性，批判理论研究必须对此加以否定。马尔库塞（2006）直接将理性等同于工具理性和科学技术的意识形态化，指出，工具理性的实质就是科学和技术的意识形态化，即科学和技术已经取代传统意识形态成为社会控制的新形式，成为影响和控制西方社会的主导思维方式，社会的一切都纳入科学技术的话语范畴和框架内，成为科学技术的奴役对象。因此，应该终结作为意识形态的科学和技术，终结工具理性。哈贝马斯同意理性和科学技术目前已成为社会合法性的基础，但不同意终结科学技术，因为他认为这种新的意识形态与旧的意识形态不同，它完全没有旧的意识形态那种迷惑人的力量，没有压抑与奴役人的功能，恰恰相反，它是社会健康发展的保证，"只要人的自然组织没有变化，只要我们还必须依靠社会劳动和借助于代替劳动的工具来维持我们的生活，人们也就看不出，我们怎样能够为了取得另外一种性质的技术而抛弃技术，抛弃我们现有的技术"（哈贝马斯，1999b：44-45）。当然，由于科学技术在社会政治和经济中地位的加强，人们逐渐习惯于从科技的角度来思考社会问题，不仅如此，科学技术作为一种潜在的意识形态还使人们相互之间的交往和理解都为科学化模式所取代，人们从文化角度进行自我理解和理解他人的方式被人的物化倾向所代替；国家的政治也成为科学技术的政治。西方社会现实状况的出现是因为工具理性（客观思维原则）被过分推崇，而合理性的行为原则（道德实践合理性的原则）被长期忽视的结果。必须强化道德实践合理性的原则，从哲学上实现两者的结合，促进人们交往行为的发展和社会的协调。当今哲学的任务就是要对这种道德实践合理性的原则进行论证。合理性的核心就是沟通，是语言与行为的结合；沟通的目的就是要达成一种共识，单纯的语言或单纯的行为都不可能构成沟通；共识的基础是主体间对于有效性要求的认可，是借助于语言与行为结合而达成的理解。通过对哲学任务的阐述，哈贝马斯把哲学的注意点由形而上学的讨论转向社会生活一体化的研究和语言与行为相结合的交往行为研究，把哲学传统的创新转向哲学、科学和社会科学的一体化建构以及普遍语用学的研究。

在方法论上，主体的反思可以让实证主义研究很好地纳入人文社会科学的哲学阐释学框架内，服务于人文社会科学研究，"反思是人们意识到自我修养和发展过程中的那些决定性因素，这些因素决定着当前的实践和人们对世界的观念；反思导致顿悟，因为它使此前未被意识的东西以一种富有成效的方式得到认识：分析性的洞察介入生活"（Habermas，1973：22）。具体来说就是人们必须对研究目的、研究过程、研究方法及研究结论不断进行反思，使研究的各个要素保持一致；避免它们之间出现断裂或偏离。反思并不仅仅是一个人对自己行为的思考，它是言语者和听众交往行为的一部分，即双方同时从他们的生活世界出发，与客观世界、社会世界以及主观世界发生关联，以语言为媒介，以求进入一个共同的语境（哈贝马斯，2004：95）；在此过程中，双方彼此提出有效性要求，它们可能被接受，也可能被拒绝，需要双方运用语言进行反复修正，达成共识（哈贝马斯，2004：100）。通过引进"反思"，哈贝马斯突出了致力于消除方法论对立的批判性科学和相对于以实证主义为主的自然科学及以阐释学为主的人文科学的优势地位，把研究的重点指向了语言行为，特别是交往双方共同构建并认可的普遍行为规范。

在吸收后期维特根斯坦、奥斯丁和塞尔等语用学思想基础上，哈贝马斯建立了"普遍语用学"，指出"普遍语用学的任务是确定并重建关于可能理解的普遍条件"，即确立"交往行为的一般假设前提"（哈贝马斯，1989：1）。在对"言语的有效性"进行考察后，他提出了言语行为参与者必须共同遵守的四项基本要求（理解的普遍条件）：可理解性、真实性、真诚性、正确性（哈贝马斯，1989：3）。其中，真诚性和正确性是理解过程中最为重要的条件。由于理解是在交往中完成的，是一个过程，是交往者通过言语行为相互作用的过程，因此对理解的普遍条件的研究就是研究言语活动和言语过程。那么，这种普遍性规则为什么可以确立呢？在这个问题上，哈贝马斯主要参考乔姆斯基的普遍语法假设，即人类具有天生的普遍语法结构，这种语法结构经过后天学习环境的触发就发展成为具体的语言能力。在接受这一假设的同时，他指出，交往能力与语言能力具有同样的普遍核心，任何主体必须同时具备两者才能实现合理的交往行为。可见，哈贝马斯的普遍语用学是以先验的普遍规则而不是以具体的言语或语句为出发点；它把言语活动视为人类活动的一种方式和人类交往活动的本质，关注的是语言行为及其过程和人类语言能力及其语言背景；它注重语言行为过程中的语言运用，特别是说话时的语境、意向、目的和效果等因素；它研究的是主体之间如何达成共识及协商一致，不是能指和所指之间的对应关系（余灵灵，1998：160-161）。

在此，哈贝马斯把语言行为过程视为哲学和现实互为通约的渠道，这一方面构建了哲学和社会现实相联系的纽带，另一方面为哲学研究确立了新的研究对象和研究方法。因此，哈贝马斯的普遍语用学在某种程度上是为了消解西方学术研究长期以来哲学与社会现实、哲学与科学、主体与客体的对立，构建一种调和式的社会批判理论研究方法，突出语言分析在哲学研究中的作用。

哈贝马斯的普遍语用学研究思想在 CDA 研究中可以找到明显的痕迹。与哈贝马斯一样，CDA 主张对（特别是西方资本主义）社会现实进行激烈批判，但是，它并不是要否定一切，而是社会中存在的问题，特别是由于工具理性的过度延伸而造成的社会不平等和权力结构。在研究中，CDA 力图把主体的话语与客体的社会现实联结起来，并把联结二者的中介体作为研究重点，把联结的媒介——语言使用——作为研究的对象（田海龙，2009：62-63）。尽管 CDA 不同视角对中介体的认定有所不同，但对于"语言使用是联结的媒介"及"语言使用是分析的对象"等的认识却高度一致。此外，它认为话语与社会之间存在互动关系以及应注意研究互动过程（话语实践过程）等也是一种将"主客体"一体化的研究方式。

5. 实现哲学与社会现实互动的交往行为

在对自己前期工作进行总结和反思的基础上，哈贝马斯提出了"交往行为理论"（2004）。作为一种能够为社会批判提供尺度的理论体系，它对 CDA 的影响主要在于它关于理性、社会和语言及它们之间关系的看法。

首先是合理性问题。韦伯（2002）把欧洲的社会现代化理解为一种历史合理化过程，并把这一过程区分为社会合理化、文化合理化和个人生活方式合理化，指出个人生活合理化是资本主义形成的重要因素。他从手段、目的和价值三个角度把合理性区分为工具合理性、选择合理性和行动规范合理性三个层次，并把前两者归为形式合理性，后者归为实质合理性，把与之对应的行为分别称为"目的合理性"和"价值合理性"行为，只有目的合理性行为和价值合理性行为相结合才能导致理想的、完全实现实质合理性的行为。在此基础上，韦伯认为，资本主义社会存在着形式的合理性和实质的不合理性之间的矛盾，但他没能解决这一矛盾。哈贝马斯认为，这是因为韦伯忽视了生活世界的合理化问题。

其次是主体间性问题。在吸收韦伯关于社会合理化的观点基础上，哈贝马斯又吸收了波普关于三个世界的划分。波普把世界划分为物理状态的世界、意识或精神状态的世界及精神产品的世界，其中第一世界与第二世界可以直接交换，第二世界和第三世界也可以直接交换，但是第一和第三世界之间只能以第二世界为中介才能进行交换（余灵灵，1998：178）。在这种"无认识主体的认识论"的启发下，哈贝马斯认为，哲学研究的重点既不应该是本体论框架下的客体，也不应该是认识论中的主体，而应该是主体之间的关系，即主体间性。

再次是交往行为问题。由于主体之间的关系是发生在不同主体之间，哈贝马斯认为，研究这种关系必须求助于未受干扰的主体之间的经验。于是，他考察了目的性行为、规范性行为和戏剧性行为，指出目的性行为是一种主体试图改变客体、使客体适应主体的单向性行为，不是互动行为，规范性行为虽以客观世界和主观世界为前提，但它一旦形成，就变成了外在的规范对主体行为的调节，不属于主体本身，也就不再是一种互动行为，戏剧性行为虽然是一种主体间的互动关系，但从意向上来说，它是表演方单向的表演行为，听众方是被动的，不是相互交流的互动关系。正是在否定这些行为的基础上，哈贝马斯提出了自己认为最为理想的"交往行为"，即至少两个具有语言和行为能力的主体之间为达到相互理解而进行的交往，两个（或以上）主体之间不存在主动和被动，它们在平等基础上进行交流，达成相互理解和共同合作。人们不再直接与三个世界发生关系，而是以对包括三个世界的整体世界的理解为前提，根据理解和商讨的原则，对事物做出相对的表达（余灵灵，1998：183）。它同时解决了主体与客观世界、主体与社会世界及主体与主观世界这三组关系，因而它是一种合理的互动行为。

第四是生活世界与三个世界的关系。为了说明交往过程中主体之间的关系及其与三个世界的关系，哈贝马斯借用了胡塞尔的"生活世界"概念，进行交往的主体始终是在由主体与客体、主体与主体之间关系构成的生活世界范围内相互理解的，这种理解主要来自于主体对于客观世界、社会世界和他们的主观世界的认识和体验；生活世界是上述三个世界的统一体，但它处于前反思阶段，是认识的背景，不是认识的对象（哈贝马斯，2004：99-101）。正是有生活世界的存在，人们才能够达成相互理解和协调，并在此基础上满足自己的技术兴趣，克服实际生活中的误解、矛盾和冲突，也才有可能对自己的行为和认识进行反思。不管是协调，还是反思，交往行为都是以语言为中介来进行的，语言就是行为，就是理解活动本身，对生活世界的探索就是对语言行为的探索。

第五是工具理性对生活世界的殖民化。现代资本主义为什么会出现"异化"？交往行为为什么能够帮助解决"异化"问题？对于这些问题，哈贝马斯认为，现代资本主义的异化是由于工具理性对生活世界的殖民化。受帕森斯社会理论对社会系统的解释和分类的启发，哈贝马斯提出了以社会为对象的系统和生活世界的双重概念建构。社会系统与生活世界范围重合，不过，生活世界是先于认识的背景，是人类言语行为和交往的背景，不是认识的对象，社会系统是作为考察的对象提出来的，是认识的对象。由于主体对于同一世界的角度不同，就构建了生活世界和系统双重关系，两者存在互补关系，系统帮助主体更好地认识世界，而生活世界帮助人们实现个人自由的行为取向，两者共同构成理想社会。现代资本主义的问题就在于人们过于注重系统的发展，忽视生活世界的发展，造成主体往往以系统的算计原则（工具理性）来看待生活世界，或者说，造成系统对生活世界的殖民化。解决的办法就是面对问题时，主体也要以参与者的角色进行协商，达成共识，不要单靠工具理性来进行计算并得出解决办法。

哈贝马斯的交往行为理论对 CDA，特别是费尔克劳的研究产生了重要影响。在《后现代生活中的话语》一书中，后者讨论了哈贝马斯的主要观点，并重点指出，哈贝马斯的理论"不仅为 CDA 做了理论上的准备，而且为其提供了一系列研究课题"，具体来说有几个方面（Chouliaraki & Fairclough，1999：88-89）。首先，哈贝马斯对生活世界合理化的讨论促使语言反思问题成为 CDA 的研究主题，研究内容不仅包括现代社会不同地方的交往行为反思性地回归自身的程度和方式，而且包括交往行为受反思性行为重塑的程度和方式。不仅如此，CDA 研究本身也可视为现代性后期语言反思意识不断增长的组成部分。其次，哈贝马斯关于一个反思性的交往实践如何为意识形态提供隐藏空间等问题的讨论对 CDA 坚持通过分析话语揭示潜藏的意识形态具有重要的启示作用。再次，哈贝马斯对系统与生活世界的区分使得将职业、国家和科学话语及题材从生活世界的交往行为中区分开来或使之专门化以及语言化（linguistification）和去语言化（delinguistification）问题成为社会学的研究主题，CDA 对后者尤其关注，特别是注重考察语言与其他形式的符号之间及符号和其他形式的社会互动之间的界限。第四，哈贝马斯关于系统对生活世界殖民化的讨论促使 CDA 开始研究系统中的话语殖民化问题，包括语言的商品化、技术话语、官僚话语、政治话语的媒介化（mediatisation）等。第五，哈贝马斯对不同类型交往行为空间关系的关注促使 CDA 开始探索"话语秩序"、话语实践的社会结构布局与具体社会空间等如何在相互之间界限改变和互动中协调发展等问题。最后，哈贝马斯对于生活世界被殖民化及由此产生的社会运动介入等的探索促使 CDA 逐渐关注社会争斗重要组成部分的话语实践争斗问题，包括公共空间的交流建构一直在寻求的有效对话形式问题。

6. 结论

哈贝马斯对 CDA 的影响极为深刻，CDA 对语言的关注及通过语言分析来揭示意识形态并以此推动社会变革的思想受到哈贝马斯普遍语用学和交往行为理论的启示；CDA 的许多研究议题就是对哈贝马斯讨论理性、社会和语言及它们之间关系所揭示问题的更深入研究。哈贝马斯对 CDA 的最大启示是他向后者表明语言使用是结构与主体之间互动的中介，是社会理论研究的对象，从而为 CDA 提出（主体的）话语与社会具有互动关系及话语分析可以揭示这一关系铺平了道路。

参考文献：

Chouliaraki, L. & Fairclough. N. 1999. *Discourse in Late Modernity: Rethinking Critical Discourse Analysis*. Edinburgh: Edinburgh University Press.

Fairclough, N. 1989. *Language and Power*. London: Longman.

Fairclough, N. 1992. *Discourse and Social Change*. Cambridge: Polity Press.

Fairclough, N. 1995. *Critical Discourse Analysis: The Critical Study of Language*. Singapore: Longman Singapore Publishers (Pte) Ltd.

Forchtner, B. 2011. Critique, the discourse-historical approach, and the Frankfurt School. *Critical Discourse Studies*, 8(1): 1-14.

Kress, G. 1990. Critical discourse analysis. *Annual Review of Applied Linguistics*, 11: 84-99.

Habermas, J. 1973. *Theory and Practice*. J. Viertel trans. Boston: Beacon.

Van Dijk, T. 1993. Discourse and cognition in society. In Crowley, D. & Mitchell, D. (eds.). *Communication Theory Today*. Oxford: Pergamon Press, 107-126.

Wodak, R. 1996. *Disorders of Discourse*. London: Longman.

Wodak, R. 2006. Critical linguistics and critical discourse analysis. In J. Verschueren & J. Östman (eds.). *Handbook of Pragmatics*. Arsterdam: John Benjamins Publishing Company, 1-24.

Wodak, R. (ed.). 2012. *Critical Discourse Analysis* (4 vols.). London: Sage Publications.

Wodak, T. & Meyer, M. (eds.). 2015. *Methods of Critical Discourse Analysis* (3rd edition). London: Sage Publications.

Zhang, H. Y., Chilton, P., He, Y. D. & Jing, W. 2011. Critic across cultures: Some questions for CDA. *Critical Discourse Studies*, 8(2): 95-107.

阿多诺著，张峰译，1993，《否定的辩证法》，重庆：重庆出版社。

霍克海默著，张燕译，赵月瑟校，1998，《传统理论和批判理论》，载上海社会科学院哲学研究所外国哲学研究室（编），《法兰克福学派论著选辑》（上卷），北京：商务印书馆。

霍克海默、阿多诺著，渠敬东、曹卫东译，2006，《启蒙辩证法》，上海：上海人民出版社。

马尔库塞著，刘继译，2006，《单向度的人》，上海：上海译文出版社。

田海龙，2009，《语篇研究：范畴、方法与视角》，上海：上海外语教育出版社。

韦伯著，彭强、黄晓京译，2002，《新教伦理与资本主义精神》，西安：陕西师范大学出版社。

余灵灵，1998，《哈贝马斯传》，石家庄：河北人民出版社。

哈贝马斯著，张博树译，1989，《交往与社会进化》，重庆：重庆出版社。

哈贝马斯著，郭官义、李黎译，1999a，《认识与兴趣》，上海：学林出版社。

哈贝马斯著，曹卫东等译，1999b，《作为"意识形态"的科学与技术》，南京：译林出版社。

哈贝马斯著，曹卫东等译，2004，《交往行为理论》（第一卷），上海：上海人民出版社。

What Critical Discourse Analysis adopts from Habermas' Philosophical and Social Theories

You Zeshun, Fujian Normal University

Abstract: Habermas' theory exerts significant influence upon Critical Discourse Analysis in that his critical perspective and critical hermeneutics shed a new light to the research approach, research method, and analytical method of CDA; his universal pragmatics lays a solid philosophical and social foundation for CDA to understand, by analyzing language use, the mutual construction between discourse and social reality; his views on rationality, society, language, and their reciprocal relationship and the relevant social problems act as the focal and departure point for CDA to explore further.

Key words: CDA, social critical perspective, critical hermeneutics, universal pragmatics, communicative action

作者简介：

尤泽顺，男，福建南安人，福建师范大学外国语学院教授、博士。研究方向：批评话语分析与权力政治、跨文化交际学。

《话语研究论丛》第三辑
2016 年
第 14-28 页
南开大学出版社

论　文

裁判文本中"社会效果"的批评话语分析

——基于国内某省裁判文本的研究*

◎ 孙洋　　华东政法大学法律学院

摘　要　作为一种社会实践，在特定文本中使用的话语具有其特定的含义与功能，体现着话语背后的社会关系。在批评话语分析理论中，文本、话语、社会这三者是辩证互动的。文章通过运用批评话语分析理论，对含有"社会效果"字样的浙江省裁判文本进行分析，发现"社会效果"作为特定语言符号在不同的话语者——裁判话语者和诉讼话语者之间使用。在使用的过程中，其含义模糊、难以界定，在不同的语境下被赋予了不同的话语功能，在不同的话语者之间形成了不同的话语策略，总体上呈现了一种"语言混乱"的现象。这种"语言混乱"的现象的背后隐含的是话语权力与话语力量的博弈，而这种博弈说明：话语是一种"社会变革的力量"。

关键词　实证研究；"社会效果"；裁判文本；批评话语分析；话语权力；话语力量

1. 理论的沿革

话语分析是当代语言学流派之一，可以溯源于 19 世纪语文学（philogogy）。进入 20 世纪，法国语言学家埃米尔·本维尼斯特（Emile Benveniste）在批判地继承了索绪尔的普通、结构语言学的基础之上，最早提出了"最可理解的""话语"术语概念（Goodrich，2007；袁英，2013）。到了福柯那里，"话语"甚至超越了语言层面，延展至"话语实践

* 通讯作者：孙洋
联系地址：上海市（200042）长宁区万航渡路 1575 号，华东政法大学（长宁校区）
电子邮件：elina3153@yeah.net

所特有的规则整体"（Foucault，2007）。受这一影响，话语分析突破了在语言学单一学科内发展的藩篱，在人类学、社会学、认知和社会心理学、传播学、政治学等学科中都得到了广泛的应用。特别值得一提的是，在 20 世纪 80 年代末，诺曼·费尔克劳（Norman Fairclough）虽然也深受福柯的影响，但是他主张"话语"概念应该回归到语言本身，即仅指称口头语言或书写语言，并建设性地提出了批评话语分析方法（CDA，Critical Discourse Analysis），这种方法强调：1）话语具有表现形式和行为形式的双重属性，这种双重属性使得话语的主体与外界产生相互的作用；2）话语作为社会实践与社会结构间存在着辩证关系，社会结构即是社会实践的条件，亦是社会实践的结果（Fairclough，2003）。3）这种方法的目的在于批判，话语分析是手段，其目的是揭示话语的背后隐含着的意识形态和权力关系（田海龙，2013）。该方法一经提出，就在西方社会科学领域产生了强烈反响，并迅速有学者将其应用到了司法实践的话语分析之中（Huisman，1991）。批评话语分析方法自提出到现在已经有 30 年的时间，在这 30 年间，虽然不断地受到学者的批评与质疑，但是在 van Dijk，Wodak 和 Chilton 等学者的努力之下，一方面该方法的某些不足得到了修正，另一方面，其批判性的实质得到了传承，基于此，这一理论愈发显示出其旺盛的生命力（辛斌、高小丽，2013）。本文尝试通过将批评话语分析方法运用于裁判文本的研究之中，力图实证性地反映在当下中国司法裁判实践中存在的问题。

2. 分析方法及过程

2.1 方法的选择

本文主要采用的是费尔克劳的研究进路，因为其理论相对于其他话语分析理论更强调跨学科研究的重要性，更关注社会转型的时代背景下的话语研究，并且侧重对机构话语的研究，视机构话语和语境为体现语言、权力与社会之间交互作用的最佳例证（van Dijk，2015；辛斌、高小丽，2013）。因此，费氏的理论很适合在当下中国的司法裁判中运用。

2.2 方法的介绍

费尔克劳认为批评话语分析有三个主要的研究对象：文本、话语实践和社会实践，这三者之间的关系是辩证的（Huisman，1991；Fairclough，2003）：

1）"文本"（text）是一种产品，"文本"的"生产"（production）、"分配"（distribution）和"消费"（consumption）是由社会条件所决定的；

2）"文本"中的"话语"（discourse）是"社会互动"（social interaction）的产物，"话语"的产生既是"话语实践"（discursive practice）也是"社会实践"（social practice）；

3）"文本""话语实践"和"社会实践"三者是相互影响、相互作用的。如图 1 所示：

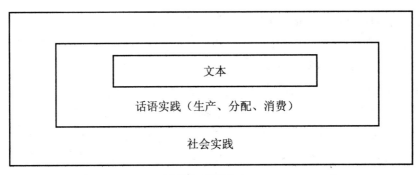

图1 Fairclough 话语分析框架（Fairclough，2003）

从话语分析的层次和向度上讲，费尔克劳的话语分析主要分为三个层次（辛斌、高小丽，2013）和四个重点分析向度（Fairclough，2014）。三个层次是指：1）描写（describe）文本的形式结构特征；2）阐释（interpret）文本与话语实践过程的关系；3）解释（explain）话语实践过程与它的社会语境之间的关系。在费氏的理论中，分析向度有多个，但是其中四个为重点分析向度，即：话语（discourse）、批评（critique）、权力（power）和意识形态（ideology）。这四个关键词大致体现了这样一种研究进程：以社会实践中的话语为研究对象，通过研究对象反映出社会实践中的权力与意识形态状态，以批判作为推动力试图对这种状态中的社会弊端进行修正（Fairclough，2014）。如图2所示：

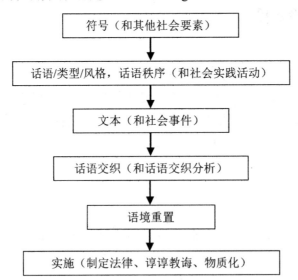

图2 Fairclough 批评话语分析研究进程（Fairclough，2014）

但是费尔克劳强调，这是"方法论"（methodology），而非"方法"（method），研究者在对研究目标进行理论化建构的过程中，可以选择不同的方法，这更显示出这套理论的灵活性与务实性。

2.3 分析过程

2.3.1 文本

本文所选取的文本为特定文本——裁判文书。"裁判文书是人民法院行使国家审判权，依照法律、法规和有关司法解释审判案件，对案件的诉讼程序问题和实体问题作出的具有法律效力的书面处理决定。"（沈志先，2010）这是从法学角度对裁判文书的定义。从批评话语分析的角度来看，裁判文书是：

1）一种由公权机关按照固定模板"生产"、具有指定"分配"对象的文本，因此是"机构化的"文本；

2）具有明确话语秩序与规则的"互文性"（intertextuality）文本；

3）由裁判者来充当互动控制掌控者的文本；

4）文本的"力量"（force）与司法权力结合的文本。

"互文性"与"力量"是批评话语分析理论中关于文本的一对关键性概念。费尔克劳对其具体阐述如下（Fairclough，2003）："互文性"是指"所有的词语表达都是由其他人的词语表达片段所定位，确切地说，是由其他人的词语表达片段所建构的"，"互文性的概念指向文本的生产能力，指向文本如何能够改变从前的文本，如何重建现存的习俗（文类、话语），以便创造出新的习俗"；"力量"指的是文本的力量，"一个文本的力量部分（经常但并非始终是指句型化的部分）是它的行为的组成部分，是它的解释性意义的组成部分，即：它被用来发挥社会效用的东西是什么，它被用来'履行'的是什么样的'言语行为'（发布一个命令，提出一个问题，制造一种威胁，做出一个承诺，等等）"。"互文性"与"力量"之间是辩证的关系，两者互为条件又互相影响。

2.3.2 文本中的话语

2.3.2.1 作为话题的"社会效果"（select a topic）

在法学领域内，自 1999 年 12 月最高人民法院原副院长李国光提出"坚持办案的法律效果与社会效果相统一"的观点以来（李国光，1999），"法律效果与社会效果统一论"作为一项司法政策正式进入了司法的裁判领域，并在裁判文本中已经得到了体现。这其中，对"法律效果"的涵义，学界分歧不大，但是关于"社会效果"的意旨是什么，学界内一直争议很大。 在这种情况下，本文选定"社会效果"作为研究的话题（topic），话题载体为类型化文本——裁判文本，话题材料来源为中国裁判文书网公布的有效裁判文书，力图通过运用批评话语分析方法，实证性地挖掘"社会效果"一词在裁判文本中的涵义及其背后隐藏的内容。

2.3.2.2 "社会效果"在裁判文本中使用的概况（formulation）

在选定"社会效果"作为关键词之后，在中国裁判文书网上进行检索[1]，共获得 2932 个检索结果，时间跨度是 2006 年至 2016 年，其中浙江省的检索结果是 230 个，占检索结果总量比为 7.8%。检索结果中，去掉重复的和被撤销的，实际有效的裁判文本是 220 份。虽然浙江省的检索结果不是最多的省份（山东省的检索结果是 547 个），但是浙江省是所有省市地区的检索结果中跨时最长的省份，即其检索结果覆盖了从 2006～2016 年的 10 年的时间，故综合考量后，决定以浙江省的检索结果作为考察对象。"社会效果"一词在裁判文本中的使用频次如图 3、图 4、图 5 所示：

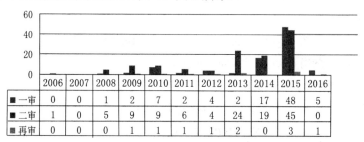

	2006	2007	2008	2009	2010	2011	2012	2013	2014	2015	2016
■一审	0	0	1	2	7	2	4	2	17	48	5
■二审	1	0	5	9	9	6	4	24	19	45	0
■再审	0	0	0	1	1	1	1	2	0	3	1

图 3　2006～2016 年按审级分"社会效果"在浙江省裁判文本中出现的频次

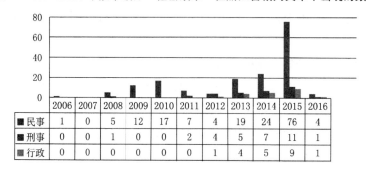

	2006	2007	2008	2009	2010	2011	2012	2013	2014	2015	2016
■民事	1	0	5	12	17	7	4	19	24	76	4
■刑事	0	0	1	0	0	2	4	5	7	11	1
■行政	0	0	0	0	0	0	1	4	5	9	1

图 4　2006～2016 年按裁判事由分"社会效果"在浙江省裁判文本中出现的频次

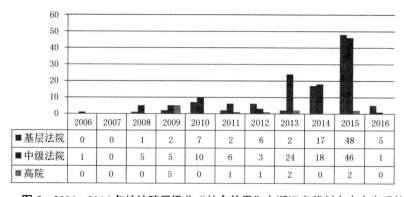

	2006	2007	2008	2009	2010	2011	2012	2013	2014	2015	2016
■基层法院	0	0	1	2	7	2	6	2	17	48	5
■中级法院	1	0	5	5	10	6	3	24	18	46	1
■高院	0	0	0	5	0	1	1	2	0	2	0

图 5　2006～2016 年按法院层级分"社会效果"在浙江省裁判文本中出现的频次

由以上各图可以反映出，"社会效果"在浙江省裁判文本中出现的频次，虽有波动，但整体是呈现逐年递增的趋势，特别是2013～2015年这个区间，增长比较明显。从按审级分类的图3中可以看出，在二审裁判文本中出现的频次总体略高于在一审裁判文本中出现的频次。这里有两个例外，一是2013年二审裁判文本中的频次明显高出同期一审文本中出现的频次；二是进入2015年后，一审裁判文本中的频次开始高于二审裁判文本中出现的频次。在按裁判事由分类的图4中，数据显示出的趋势是，"社会效果"在民事案件中出现的频次明显高于在刑事和行政案件中出现的频次，而且在2015年的文本中，这种高出的比例尤为突出。在按法院层级分类的图5中可以发现，在2015年以前，"社会效果"在中级法院的出现频次一直高于基层法院，但2015年这一状况发生了改变。另外，在高级法院制作的裁判文本中，"社会效果"的出现频次明显少于其他层级的法院。

如果把裁判文本场景化，会直接提及"社会效果"一词的主体只有裁判者和诉讼者，所以，按照"社会效果"的话语主体来分类，可以分为"裁判话语者"和"诉讼话语者"两类。"社会效果"在这两个主体中出现的频次在裁判文本中体现的情况如图6所示：

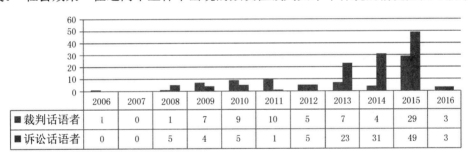

图6　2006～2016年按话语主体分"社会效果"在浙江省裁判文本中出现的频次

从图6中可以看出，最先将"社会效果"引入到裁判文本中使用的是裁判话语者，之后，除了2007年，在2012年以前都是裁判话语者的使用频次超过诉讼话语者的使用频次。这一情况在2012年之后发生了变化，从2013年开始，诉讼话语者的使用频次迅速增多并明显超过裁判话语者的使用频次。

2.3.2.3　"社会效果"在文本语境中的功能

在法律中考察话语的意义，"最重要的不是词义或句子意义，而是讲话人话语的交际意图"（Tiersma，2015：132）。这种交际意图由于话语主体、话语语境不同，会产生不同的话语功能。通过分析和对比，笔者发现，在裁判文本中，不同的话语主体在不同的语境中表达"社会效果"时，会产生不同的功效。需要指出的是，话语所传达出的功能既可以是单一的，也可以是多种功能竞合的，需要结合其所处语境进行综合判断。以下是按"社会效果"在各自语境中所发挥的主要功能进行的分类。

1）裁判和说理功能

具体又可以分为裁判功能和裁判说理功能，这两种功能综合体现了"社会效果"法律化的过程。其中裁判功能是指在裁判文本中，"社会效果"成为裁判的依据之一或主要依据。由于裁判文本本身就是承载着司法权力的机构化文本，裁判者既是现实司法实践中的权力实施者，又是裁判文本中的裁判话语者，这一特殊的身份决定了"社会效果"的裁判功能只能由裁判话语者来实现，特别是在民事案件中，刑事案件中偶有涉及，在行政案件中暂无体现。如下面几个例子：

例1：

样本编号：民 137	法院：金华市中级人民法院
案件编号：（2011）浙金民终字第 130 号	案由：民事、所有权确认纠纷
话语主体：主审法院	诉讼级别：二审
话语内容：本院认为，陈甲、陈乙共兄弟四人，2002 年 8 月 15 日由其三兄弟及大嫂董某某（其丈夫已去世）四人共同协商一致后达成了分家协议，并经各方签字确认。该协议除对祖某某屋进行分割外，还对母亲吴乙的赡养问题进行了约定，且事后各方也按分家协议进行了履行。2002 年 9 月陈甲将分得的祖屋的 15 个平某某卖给了陈乙，而 2010 年 6 月，陈乙的另一兄弟陈丙和大嫂董某某也将分得的祖屋卖给了陈乙，且祖屋的土地使用权在 1992 年已登记在陈乙名下。虽然作为母亲吴乙没有在分家协议上签过字，但因该协议在 2002 年签订，并已履行多年，<u>从本案的实际情况及社会效果考虑，应确认祖某某屋归陈乙所有</u>。	

例2：

样本编号：刑 04	法院：瑞安市人民法院
案件编号：（2012）温瑞刑初字第 1914 号	案由：刑事、涉嫌犯危险驾驶罪
话语主体：主审法院	诉讼级别：初审
话语内容：本院认为，被告人胡某违反交通运输管理法规，在道路上醉酒驾驶机动车，其行为已触犯刑律，构成危险驾驶罪。公诉机关指控的罪名成立。被告人归案后能如实供述自己的罪行，且有悔罪表现，<u>在被告人确定婚期情况下，本院本着社会效果、法律效果相统一</u>，体现"宽严相济"政策，予以较大幅度从轻处罚。为严明国法，惩罚犯罪，维护公共安全，根据被告人犯罪的事实、犯罪的性质、情节和对于社会的危害程度，依照《中华人民共和国刑法》第一百三十三条之一第一款、第六十七条第三款之规定，判决如下：被告人胡某犯危险驾驶罪，判处拘役二个月十五日，并处罚金人民币 5000 元。罚金限本判决生效之日起十日内缴纳。	

司法裁判从本质上说也是一种社会实践，所以在裁判的过程中，考虑裁判所要造成的社会效果这也是法律的一种内在要求，但这里要着重关注的要点是，裁判者在运用"社

会效果"来裁判时是否有僭越法律之嫌，或者虽然未僭越法律，但却营造出来了这样一种话语效果："社会效果"作为一种被追求的目标价值，被给予了更优先或者更充分的考虑。

正如前文所说，话语的功能往往是竞合的，从上面的例子也可以看出，当裁判话语者利用"社会效果"作为裁判理由时本身就是一种说理的过程，但这里再次强调话语的说理功能，主要针对两种情况：一是话语主体是裁判话语者，其未在裁判文本的正文提及"社会效果"作为裁判的理由，但在裁判文本的附属部分，如"评析"或"合议庭思路"里，陈述了"社会效果"作为裁判的考量依据；二是话语主体是诉讼话语者，"社会效果"作为其诉讼请求论据之一。具体举例如下：

例3：

样本编号：刑 11	法院：杭州市拱墅区人民法院
案件编号：（2012）杭拱刑初字第 19 号	案由：刑事　起诉罪名：抢劫罪
话语主体：主审法院	诉讼级别：初审
话语内容：<u>评析</u>：本判决书结果合理、用语精练、分析深入、适用法律条款准确规范。从案情看，公诉机关指控的抢劫罪（入户）与本案最终确定的寻衅滋事罪在量刑上存在巨大的区别，承办法官通过对被告人作案的前后的行为、作案的手段、后果、对被害人的控制程度、被害人是否有反抗的余地等方面的分析，对本案如何定性作了精练的分析。最终确定被告人犯寻衅滋事罪，是的被告人罚当其罪，让公诉机关及被告人均心服口服，达到了社会效果和法律效果的统一。	

例4：

样本编号：民 060	法院：杭州市下城区人民法院
案件编号：（2010）杭下商初字第 219 号	案由：民事、股权转让纠纷
话语主体：主审法院	诉讼级别：初审
话语内容：<u>合议庭思路</u>：违约金额定。从整个合同标的看，200 万元违约金约定似乎不高，但从股权转让性质看，西湖公司主要财产即为土地，而原、被告间转让整个公司的实质目的是转让土地，规避国家政策及税务，且土地价格一直上涨，被告在股权转让未成后又抵押贷款，充分利用了土地的价值，利益并未受到损失，因此，完全放任当事人的意思自治而去支付高额违约金，法律效果和社会效果均不佳，酌情调整至 50 万-100 万，最后统一意见为 50 万元。 逾期付款违约金无依据。	

综上，在"社会效果"的法律功能中，结合样本可以看出：绝大多数裁判者已将"法律效果和社会效果相统一"作为一种模板化的话语策略，但是从相关联的语句及上下文

所营造出的语境中体现出来的是"法律效果"说理部分很少或没有，而"社会效果"往往会着墨较多，以此来证明其作为裁判理由的正当性，这实际上无形中已经削弱了法律本身的说理能力。

2）道德评判功能

具体是指，"社会效果"在相关样本语境中充当的是道德话语的角色，强调家庭和社会关系中的责任和义务，这种使用多体现在诉讼话语者的样本中，表现了话语者对法律所能给予的帮助的疏离感（刘思达，2007）。

例 5：

样本编号：行政 01	法院：宁波市中级人民法院
案件编号：（2013）浙甬行终字第 52 号	案由：行政、公安行政受理
话语主体：被上诉人（原审被告）宁波市公安局高新技术开发区分局	诉讼级别：二审
话语内容：三、上诉人陈品华与上诉人赖玲妹的结婚违反了社会伦理道德和公序良俗，不为社会大众容忍和接受。因此，从道德、公序良俗及社会效果评价看，也不应当准许上诉人赖玲妹、陈妙琼的户口迁移申请。	

例 6：

样本编号：民 152	法院：衢州市中级人民法院
案件编号：（2015）浙衢民终字第 418 号	案由：民事、共有物分割纠纷
话语主体：诉讼话语者	诉讼级别：二审
话语内容：三、原审法院的判决社会效果极差。被上诉人与席立国年龄相差悬殊，社会阅历和生活观念差距较大，被上诉人对房屋建造未出过一分钱也未出过一分力。原审判决鼓励了像被上诉人这样的懒惰之人，为了一己私利，无视伦理道德，更加不劳而获。综上，请求依法撤销原判，改判驳回被上诉人的一审诉讼请求。	

在裁判者话语者的样本中，当裁判者在强调"社会效果"作为道德评判的价值标准时，也将这种评判引入了裁判中，即道德评判的法律化。如：

例 7：

样本编号：民 011	法院：玉环县人民法院
案件编号：（2015）台玉民初字第 624 号	案由：民事、生命权纠纷
话语主体：主审法院	诉讼级别：初审
话语内容：被告虽是合伙企业，但一定程度上具有公益性质，营利能力相对较弱，在法律的框架中，相对减轻一些赔偿责任，其社会效果会更好，且更能传承中华民族父老子养的传统美德。综上，本院认定被告对张永生的死亡以承担 50% 的民事赔偿责任为宜。	

3）政治倡导功能

是指"社会效果"在一定语境下发挥了近似于政策领域内的"协调性话语"（coordinative discourse）的功能，即以程式性话语对政策及政策性活动进行宣传、辩护、倡导，"通过协调彼此的活动寻求在政策上观念上达成共识"（Schmidt，2015）。同时，由于政策往往是以"社会效果"为出发点的，所以反过来，为了一定的"社会效果"而将某项政策引入司法裁判的考量依据中也就成了顺理成章的逻辑，实际上变相地把政策也法律化了。

例8：

样本编号：民015	法院：安吉县人民法院
案件编号：（2015）湖安递民初字第228号	案由：民事、承包地征收补偿费用分配纠纷
话语主体：主审法院	诉讼级别：二审
话语内容：本院认为，为了达到较好的社会效果，集体经济组织成员资格应在当地政府的指导下，由所在村的村集体经济组织综合考虑当时政策、土地来源、构成、变迁以及有无劳动、时间长短、贡献大小等因素依照法定程序予以认定。我县股份经济合作社股民资格是在我县政府的领导下，各地乡、镇政府的指导下，由各村集体经济组织召开代表大会，按照前述因素和法定程序予以认定，其认定标准和程序充分考虑了各村实际情况及绝大部分村民的意见，并经过村民代表大会讨论决定，其所确定的股东资格即集体经济组织成员资格。	

例9：

样本编号：民156	法院：浙江省高级人民法院
案件编号：（2008）浙民二终字第121号	案由：民事、保证合同纠纷
话语主体：主审法院	诉讼级别：二审
话语内容：<u>但是，涉及资产管理公司转让债权相关案件的处理，要兼顾法律效果和社会效果的统一，充分考虑此类案件政策性强等因素。</u>原审法院的实体处理，存在相应合理因素的考虑。景耀公司系非金融机构的企业法人，其以打包形式受让的本案债权，所支付的对价远低于所购买的不良金融债权，根据国家关于处置不良金融债权的相关政策，对社会投资者购买资产管理公司转让金融债权，亦不应全额予以支持。	

当"社会效果"与具体语境结合，表达政治倡导功能时，其隐含的含义是：要保持正确的政治导向，要以大局为重，以公利为重。在处理具体纠纷时，这种话语传达给接受者的信息是如果国家利益与集体利益相冲突，应该以国家利益为重；如果集体利益与个人利益相冲突，应该以集体利益为重。但是，在裁判文本中居于最权威地位的应该是法律，只有当法律出现空白、漏洞或明显不合理的情形下才有可能考虑其他因素，显然，

"社会效果"的话语效果再一次地以一种隐含的方式贬抑了法律所应发挥的主导作用。

4）情态表达功能

是指在特定语境中话语者通过对"社会效果"所持的明确的肯定或否定的态度来表达某种情绪，如赞同、质疑、不满甚至是带有威胁等意味。

例10：

样本编号：行政 18	法院：义乌市人民法院
案件编号：（2015）金义行初字第 96 号	案由：行政、不服县住房和城乡建设局城建行政许可
话语主体：被告县住房和城乡建设局	诉讼级别：初审
话语内容：该类情形浦江县尚有积案一千多例，此口一开必将一发而不可收，非被告危言耸听，本案一旦给予许可，必将酿成大面积上访案件，激起民变，浦江县各职能部门被逼穷于应付，处境尴尬。故请法庭充分考虑本案判决所引起的社会效果。	

例11：

样本编号：民 120	法院：绍兴市人民法院
案件编号：（2010）浙绍民终字第 427 号	案由：道路交通事故人身损害赔偿
话语主体：主审法院	诉讼级别：二审
话语内容：原审法院在查清事实后，为及时保护受害人的利益，依法判决两上诉人在交强险赔偿限额内承担赔付责任，充分考虑了法律效果与社会效果的统一，可予维持。	

在情态表达功能项下，诉讼话语者的使用频次明显多于裁判话语者，特别是在上述案例中，"社会效果"被用来表达对初级审判的不满和作为上诉的理由，而对于"社会效果"的具体所指是什么则很少论证。对于裁判话语者来说，当其运用"社会效果"来进行情态表达时，主要是同为裁判话语者间的评判，或认同或否定。

2.3.2.4 "社会效果"的话语策略

由于话语强调的是语言在实际使用中的交往意图，所以，在特定的文本之中，不同的话语者会形成不同的话语策略。

1）对于裁判话语者来说：创制充满"自我正义"（Mellinkoff，2014：38）的法律语言的话语策略

作为"社会效果"的话语引入者创制了在文本中"法律效果与社会效果相统一"的联合式使用方式 [2]，或单独强调"社会效果"的独立式使用方式，这种创制实际上是使"社会效果"和"法律效果"相分离，造成的后果是产生歧义和误解，正如有学者指出的那样（王利明，2015），这种使用方法会使人以为法律本身是不讲效果的，法律效果是偏

离于社会效果之外的。在随后的话语实践中，裁判者不断地赋予"社会效果"以不同的功能，如法律的、道德的和政治的功能。仅就从作为"符号"的 "社会效果"，其所指非常广泛却又模糊，从样本中反映出的情况看，它既可以指广义上的"公平""正义"观念，可以指"止争息讼"，可以指"社会伦理道德"，可以指"大局""公利"，也可以指"社会的实际反响"等等，甚至在一些语境下，它只是和"法律效果"相结合而模式化使用的套话，无法判断其具体所指。所以"社会效果"实际上是所指非常模糊，但却又高度包容，它以这种状态进入裁判文本中，并经裁判者赋予了各种功能，形成了"自我解释"、充满"自我正义"的法律词语。

2）对诉讼话语者来说：建立在"语言混乱"之上的话语策略

"社会效果"的含义模糊，裁判者在使用时并不力图界定其内在含义，而是通过话语功能来区别所指，即形成一种"自我解释""自我正义"的状态，这使得"社会效果"变成了所指模糊，但却承载了力量（force）的符号。诉讼话语者作为裁判文本的被分配者和消费者，在不知不觉中接收了作为符号的"社会效果"，并依据各自不同的理解试图赋予"社会效果"以含义和功能，但由于诉讼话语者并不具有制造、解释裁判文本的权力，所以，其赋予"社会效果"的含义需要具有话语权的话语者的确认，其赋予"社会效果"的功能也多表现在情态的表达层面上。所以，总体上讲，诉讼话语者在使用"社会效果"时，其话语策略是为其诉讼的目的而服务，而构成诉讼的语境千差万别，导致诉讼话语者结合自身所处的语境，为了各自的诉讼目的，对"社会效果"的含义进行了带有明显自身利益倾向性的解读，造成了在话语实践中"语言混乱"的话语状态，而其话语策略就是建立在这种"语言混乱"之上的，并且以这种混乱的方式扩散，表现为从2013~2015 年在诉讼话语者中"社会效果"的使用频次明显增多，话语含义混乱，以情态表达为主。

3. 结论

从以上分析可以看出，"社会效果"的引入在裁判话语者和诉讼话语者之间形成了两种话语策略，进一步表现为"语言混乱"的局面。透过这层"语言混乱"的局面隐含的是话语权力与话语力量的博弈。

3.1 话语权力

通过以上的分析可以看出，由于裁判文本是具有特殊"互文性"的文本，裁判者通过运用自己的权力，将政策话语的"社会效果"引入了裁判文本之中，并赋予了其裁判功能及其他功能。尽管在裁判文本中，诉讼话语者也有权引入其他非法律语言的符号，但是，由于裁判者是裁判文本的话语秩序控制者，只有裁判者才有权力确认对诉讼语者的话语转述与否、转述的用语与长度。换言之，裁判者是裁判文本中话语功能的初始决定者。

3.2 话语力量

尽管裁判话语者有权力将特定语言符号引入裁判文本之中，但是，语言作为符号的独特之处在于，不论其是否具有官方明确释义，其在话语实践中，通过在话语消费者之间的传导都可以形成一种话语力量。这种力量是抽象的、独立的、隐含的，在反复的传导中会随着社会实践中的耦合变量而增强或减弱。

裁判者可以运用权力将非法律语言的特定符号引入裁判文本中，也可以通过对特定符号的功能赋予而形成"自我正义"和"自我解释"的法律语言体系，但是，这些特定的语言符号在不同话语主体中被传导的过程中可以不断地被改造，形成其自身的独特的话语力量。这种话语力量是在社会实践中形成的，并对社会实践具有反作用力。

3.3 话语权力与话语力量的博弈

在裁判文本所建构的情境中，法律话语是以对话而非独白的方式呈现的，具体来说是裁判话语者与诉讼话语者之间的对话。这种对话体现了话语权力的不平等关系。裁判话语者在裁判的场域中的权力明显大于诉讼话语者，这里的权力"不是狭义的政治权力，而是广义的由话语体现的，在日常交际中，人与人的社会关系实质上是一部分人对另一部分人的控制"（杨德祥，2009）。但是，从另一个角度讲，由于话语的弥散性、社会实践性，使话语在实际应用中形成一种新的话语力量，这种话语力量是对话语权力的能动的反映，表现为一种对抗性的内在属性。而正是这种话语权力与话语力量的博弈，体现出话语在社会实践中特有的属性，即作为社会变革力量的存在——它并不会由于哪一方有绝对的权力而完全受控于那一方，尽管不可否认的是它很大程度上会受到权力的影响，更进一步说，话语实际上反映出社会实践中控制与反控制的权力表象，又以自身的力量对社会实践进行反作用，即其是以一种内在的、独立的、具有社会变革力量的方式而存在。

注释：

① http://wenshu.court.gov.cn/list/list/?sorttype=1&conditions=searchWord+QWJS+++
全文检索：社会效果，访问时间：2016 年 4 月 9 日。

② 从中国裁判文书网中以"社会效果"作为关键词检索可以检索到的最早的裁判文本是 2006 年制作的一份民事判决书，话语者为主审法院。又结合 1999 年 12 月最高人民法院原副院长李国光提出"坚持办案的法律效果与社会效果相统一"观点以及随后被确立为司法裁判的指导原则这一事实，可以认为裁判者是"社会效果"的引入者。

参考文献:

Fairclough, N. 2003.《话语与社会变迁》,殷晓蓉译,北京:华夏出版社。

Fairclough, N. 2014. A dialectical-relational approach to critical discourse analysis in social research. In Wodak, R, & Meyer, M. (eds.). *Methods of Discourse Analysis* (Second Edition). Beijing: Peking University Press, 162-187.

Foucault, M. 2007.《知识考古学》,谢强、马月译,上海:生活·读书·新知三联书店。

Goodrich, P. 2007.《法律话语》,赵洪芳、毛凤凡译,北京:法律出版社。

Huisman, H. 1991. *The Relevance of Discourse Analysis to Legal Practice*. Austl. J.L.&Soc'y, 7.

Mellinkoff, D. 2014.《法律的语言》,廖美珍译,北京:法律出版社。

Schmidt, V. A. 2015. 话语制度主义:观念与话语的解释力,马雪松、田玉麟译,《国外理论动态》,第 7 期,10-19 页。

Tiersma, T. M. 2015.《彼得论法律语言》,刘蔚铭译,北京:法律出版社。

Van Dijk, T. A. 2015.《话语研究多学科导论》,周翔译,重庆:重庆大学出版社。

李国光,1999,坚持办案的法律效果与社会效果相统一,《党建研究》,第 12 期,5-7 页。

刘思达,2007,当代中国日常法律工作的意涵变迁(1979-2003),《中国社会科学》,第 2 期,90-105 页。

沈志先,2010,《裁判文书制作》,北京:法律出版社。

田海龙,2013,趋于质的研究的批评话语分析,《外语与外语教学》,第 4 期,6-9 页。

王利明,2015,如何理解法律效果与社会效果的统一,《当代贵州》,第 33 期,64 页。

辛斌、高小丽,2013,批评话语分析:目标、方法与动态,《外语与外语教学》,第 4 期,1-5 页。

杨德祥,2009,法律话语权力意识的批评话语分析,《宁夏大学学报(人文社会科学版)》,第 5 期,73-77 页。

袁英,2013,《话语理论的知识谱系及其在中国的流变与重构》,武汉:华中师范大学出版社,27-29 页。

A Critical Discourse Analysis of the "Social Effect" in Verdicts

Sun Yang, East China University of Political Science and Law

Abstract: The discourse in the particular text presents particular meanings and functions. In nature, the discourse reflecting the social relations is a kind of social practice. In the theory of Critical Discourse Analysis, the three key elements, text, discourse and society, are in the state of dialectical interaction. In this paper, the author develops the analysis under the guidance of the theory of CDA as the methodology, with selecting the verdicts of Zhejiang province as the particular text and "social effect" as the key word. The analysis shows that the "social effect" is used between the juridical discourse subject and litigant discourse subject. As a language symbol, "social effect" is semantically fuzzy, however, feature-rich. Though in different contexts, "social effect" is endowed with functions under specific discourse strategies, overall speaking, it presents the phenomenon of language confusion. Behind this confusion, the wrangling between the discourse power and discourse force emerges. This wrangling account for that discourse, in some way, is one force leading to social change.

Key words: empirical study, "social effect", verdicts, CDA, discourse power, discourse force

作者简介：

孙洋，女，吉林农安人，华东政法大学法学理论专业硕士研究生在读。研究方向：法律语言学、法律话语分析、法律人类学。

《话语研究论丛》第三辑
2016 年
第 29-41 页
南开大学出版社

论 文

批评话语分析视域中的"人流"建构

——基于一个新三维框架的案例分析*

◎ 侯松　　广东外语外贸大学广东省外语研究与语言服务协同创新中心

摘　要　"人（工）流（产）"话语与堕胎问题有着千丝万缕的关联，对其进行批评话语分析，揭示其背后的知识与观念建构，有助于深化对相关问题的认识。本文尝试整合 Fairclough 三维分析法与 Martin 等人的评价理论，建构一个整合的新分析框架，并基于此对地方报纸上一则以"人流"知识教育为主题的语篇展开案例分析。研究发现，该语篇将广告话语嵌入"人流"科普教育之中，通过各种话语策略建构对它的正面认知和肯定态度，弱化了其生理危害，遮蔽了其社会、伦理属性，从而影响相关的行为和生活方式。

关键词　"人流"话语；堕胎；批评话语分析；评价理论；新三维框架

1. 引言

　　"人（工）流（产）"是一个复杂而敏感的话题，同诸多其他医学技术问题一样，相关的言说与观念塑造可能产生不可低估的社会影响，需要学界的关注。就目前来看，对"人流"话语及其社会建构的研究在我国还很少见。批评话语分析（Critical Discourse Analysis，简称 CDA）关注作为社会实践的语言运作，致力于发掘社会现实的话语建构性，揭示其背后的知识生产、观念塑造以及对人们行为方式带来的影响（Fairclough &

---

　*　通讯作者：侯松
　　联系地址：广东省广州市（510420）白云大道北 2 号，广东外语外贸大学广东省外语研究与语言服务协同创新中心
　　电子邮件：hons98@hotmail.com

Wodak，1997)，在这方面可以发挥很好的作用。

毋庸置疑，批评话语分析引入中国二十年来取得了不少的进展，针对国内社会现实问题的研究也在不断增多。但整体而言，我们对涉及批评话语分析实质的理论原则和研究方法还需进一步深入研究（田海龙，2016)，同时还要增强问题意识，加强以问题为导向的话语研究，进而整合并创新既有研究模式和分析框架（支永碧，2007；吴鹏、王海啸，2014)。本文尝试整合费尔克劳（Norman Fairclough）的三维分析法与马丁（James Martin）等人的评价理论（APPRAISAL theory)，建构一个新的三维分析框架，并基于该框架，对地方报纸上的"人流"话语进行分析，考察其背后的知识与观念建构及其可能造成的行为影响。通过这样的研究，笔者希望引起学界对堕胎问题语言实践维度特别是"人流"话语的关注，展示批评话语分析方法在这方面的应用价值。同时，本文也是对批评话语分析问题意识拓展和方法整合创新的探索，希望能对话语研究在中国的进一步发展有所贡献。

2. 话语与"人流"话语

首先有必要对话语、"人流"话语这两个基本概念做简单的界定。在 CDA 研究中，话语并不简单等同于语言学家所定义的"高于句子层面的语言单位"（Stubbs，1983：1)，也不是思想界、社会学界泛指的某种观念、思想或学术体系，它既关注语篇（text）本身，也关注语篇所处的语境及其在语境中的运作与实践方式。受 Foucault 等人的影响，CDA 认为语言不是中性的工具，其使用总是处在一定的社会结构和权力网络之中，受价值观念和意识形态的操控。因而，话语的运作被视为一种社会实践，它往往不易被察觉，却具有强大的力量：话语通过一系列的陈述和言说，系统地建构它所言说的对象，塑造我们对相关事物（包括人）以及自我的认知，影响甚至决定我们的价值观和行为方式（Fairclough，1992)。CDA 研究就是对话语的批评性解读，通过对语言实践的分析与社会阐释，揭示其背后的观念建构、意识形态操控与不平等的权力关系（van Dijk，2001)。

所谓"人流"话语，就是社会生活中围绕"人流"这一主题展开的一系列语言实践及其背后的观念塑造和意识形态操控。"人流"话语有其特定的社会文化语境，它处在特定的权力结构和意识形态网络之中。通过一系列的陈述，它建构人们对相关事物（如堕胎）的认知和立场，影响相关的个人与社会行为。当前，我国的"人流"话语主要以科学（特别是医学）的面目出场，其言说往往具有极强的权威性和影响力。

那么，"人流"话语究竟在说什么？没有说什么？被言说的是以怎样的方式说出的？未被言说的又是以怎样的方式遮蔽的？它对我们的知识观念、价值立场与行为方式可能会有怎样的塑造作用？针对"人流"话语的研究，这些都是需要解决的问题。本文希望在这方面做些初步的尝试，但无意也不可能在有限的篇幅内做出全面的回答。

3. 新三维分析法：嵌入评价理论的 CDA 框架

CDA 研究有不同的分析模式和框架（见 Wodak & Meyer，2016），其中 Norman Fairclough 的社会辩证模式或称三维分析框架在国内应用最多。Fairclough（1992；1995）将话语分为三个维度：语篇、话语实践（discursive practice）和社会实践（social practice），话语分析要分别涉及这三个维度以及它们之间的相互关系。Fairclough 依此建立了著名的 CDA 三维分析框架（如图 1 所示）。

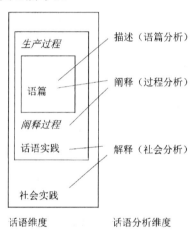

图 1 CDA 三维分析框架（Fairclough，1995：98）

在操作上，它主要包括三个步骤：

描述（description），对语篇的语言特征进行分析，主要涉及互动控制（interactional control）、礼貌（politeness）、身份特质（ethos）、词义选择（word meaning）、选词（wording）、隐喻及功能语言学里的诸多语法范畴，如衔接、情态、及物性（transitivity）、主述位结构等（Fairclough，1992：235-237）；

阐释（interpretation），研究语篇与话语实践的关系，即对话语的生成、传播和消费过程进行分析，主要涉及显著互文性（manifest intertextuality）、篇际互文性（interdiscursivity）、互文链（intertextual chains）、连贯、话语实践环境五个方面（Fairclough，1992：232-234）；

解释（explanation），分析话语实践与社会实践之间的互动关系，主要包括对话语的社会网络矩阵（social matrix of discourse）、话语秩序（orders of discourse）以及话语的政治与意识形态影响等方面的考察（Fairclough，1992：237-238）。

Fairclough（1992：231）同时指出，这三个维度分析难免出现交叉，各个维度分析的顺序也是灵活的，不同的分析者可以根据研究的需要来把握。

一直以来，系统功能语言学（SFL）都是 CDA 最重要的语言学基础，其语篇分析和过程分析大量借助 SFL 的范畴和概念，Fairclough 的三维分析框架尤其如此（王晋军，2002）。然而，SFL 也是不断发展的，以 James Martin 为代表的新悉尼学派大胆地将研究扩展到小句以上的范畴，走上了话语语义学的道路，评价理论的创立就是其突出成果。依据 Martin 和 Rose 的总结，"评价理论是关于评价的——即语篇中所协商的各种态度、所涉及的情感和强度，以及表明价值和联盟读者的各种方式"（胡壮麟等，2005：316）。通过对语篇中各类评价资源的功能分析，语言使用者对事态的立场、观点和态度得以解读（王振华，2001：15）。从语言分析的角度看，评价理论与 CDA 颇有相似之处，它们关注的都是语言形式使用背后的功能，并由此考察语言使用与观念、立场、意识形态等问题的关联。因此，笔者将评价分析也纳入 Fairclough 的 CDA 三维框架，使其成为其中语篇分析与过程分析的补充。也就是说，语篇分析与过程分析中除了 Fairclough 给出的那些概念范畴之外，也考虑评价资源在语篇中的运用及其背后的态度、立场与价值观赋予。应该说，这种嵌入式结合有利于削减二者本身存在的不足，实现有益的互补。一方面，评价理论能为 CDA 提供更多易于操作的词汇、语义范畴，丰富其分析手段；另一方面，将评价系统放置到一个三维的话语框架中予以审视，评价分析与语境结合不够明朗的问题（李战子，2004：6）也可以得到有效解决。

具体而言，语篇中的评价资源可概括为三大系统，即态度系统（ATTITUDE system）、介入系统（ENGAGEMENT system）、级差（GRADUATION system）。态度系统涉及语言使用者的情绪反应、道德评判、价值判断和美学鉴赏，因而又分为情感（AFFECT）、判断（JUDGEMENT）和鉴赏（APPRECIATION）三个子系统。介入系统包括"一系列用以衡量作者/说话人的声音和语篇中各种命题相互关系的语言资源"（胡壮麟等，2005：319），它主要关注意义对话协商的方式，分为对话扩展（dialogistic expansion）与对话压缩（dialogistic contraction）两个次范畴。"扩展"指的是话语中的介入引发了对话中的其他声音或立场，包括引发（entertain）和摘引（attribute）；而"压缩"则是指话语中的介入挑战、反对或者限制了其他声音或立场，包括否定（disclaim）和声明（proclaim）（胡壮麟等，2005：329）。级差并不局限于任何一个子系统，因为任何评价都会附着一定的强度，可视为"横跨整个评价系统的人际意义的润色"（胡壮麟等，2005：330）。级差也可分为语势（force）和聚焦（focus）两类，其中"语势指的是说话人借此把人际印象以及他们的言语和容量分级（或提高或降低）"，"聚焦指的是说话人借此将其语意义类型的焦点变模糊或变清晰"（胡壮麟等，2005：319）。评价系统可描述为图 2。

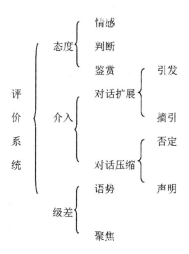

图2 评价系统（胡壮麟等，2005）

将评价分析嵌入 CDA 三维分析框架，态度和级差系统可以作为语篇分析的工具，介入系统则可以进入过程分析维度。我们可以将其描述为图3：

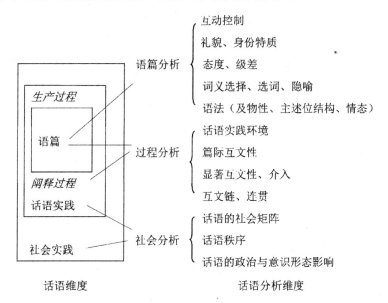

图3 CDA 三维分析框架

4. "人流"话语的批评性分析：一则个案研究

基于以上的新三维分析框架，笔者以某地方报纸上一篇题为《人流 安全最重要》的语篇（见附录）为语料，展开批评性话语分析。作为个案研究，它必然会有所不足，因此，笔者并不期望以下呈现的是"人流"话语的全貌，如前所述，它仅仅体现一些初步的探索。然而，基于单一语篇的个案研究也有所长，它能够更好地保持分析语料的完整性，更全面地展示上述新分析框架面向具体语篇时的操作过程。当然，这也并不是说以上提到的每一个分析范畴将会在本文的分析中出现。以下笔者将顺着语料的行文展开话语分析，先呈现语篇分析和过程分析，然后以社会分析作结。

4.1 标题

语篇的标题"人流 安全最重要"似乎是陈述一个无可辩驳的观点，其背后有一重要的预设（presupposition）：人流，有些是安全的，有些是不安全的。在 Fairclough（1992：120-121）看来，预设是显著互文性的一个重要方面，它将话语的隐含意义埋藏在语篇的表层意义之下，在读者的解读过程中不知不觉地生发出来。作为一种话语操控手段，预设往往很难被挑战。这一标题不仅为正文的展开做了铺垫，还有效地操控了读者的阅读期待，人们或许会问：那什么样的人流才是安全的呢？如何保证人流的安全性呢？然而，真的有完全意义上安全的人流吗？这一更为关键、更有意义的问题却被话语预设的互文操控所遮蔽了。

从评价分析的角度来看，标题中"安全""重要"两个词语是明显的判断资源，其背后隐含着看待人流手术的评价视角。对"安全"与否的判断，一般来说都是从生理健康的角度出发的，后面语篇的行文中也在不断强化这一评价视角。而"重要"一词本身就带入一种评价视角，操控读者看待人流手术时去关注所谓的重要方面。在这一判断资源前，加上"最"字，使其评价语势升至最高，更加强化了这样的效果。

4.2 正文

一个语篇中可能混杂着不同的体裁与话语类型，这涉及篇际互文性，即语篇生产相关的话语习惯与规则，如文体风格、体裁、话语类型（Fairclough，1992：124-130），也就是说，在某一话语习惯或规则下生产的不同语篇也构成互文关系。分析发现，该语篇的正文主要包括两种话语类型，前一部分（第 I、II、III 段）属科普教育话语，后一部分（第 IV 段）属广告话语。前者的主要目的是赢取读者信任，并初步塑造读者对人流的观念与看法，为后文打下基础，而其后的广告话语才是该语篇的真正意图。以下是对这两个部分的具体分析。

4.2.1 科普教育——赢取读者信任

第 I 段交代的是该语篇的写作背景和目的，第一、二句的背景描述符合读者所理解的社会现实，在话语实践维度，有许多相关语篇可能走向读者，形成互文效果，诸如《长假后遗症，排队做流产》《上海 18 岁少女 2 年堕胎 13 次》等类似标题的文章在报刊与互联网上屡见不鲜。这样，话语的"真实性"一开始就在读者心目中得以确立，一般而言，第一印象是不易改变的。紧接着,语篇通过"有关专家建议"的口吻将其"写作目的"表达出来。从显著互文性角度看,这是间接话语表征(indirect discourse representation)(Fairclough,1992:106-107),或者说间接引语的运用,它借用专家的权威说话,对于作为受教育对象的读者来说,自然是很难有所异议的。

第Ⅱ段"安全期避孕,其实不安全"表面上与全文主题并无紧密联系,但它与前面提到的"写作目的"——"进行科学的避孕指导"相呼应,使读者对语篇写作目的的前期认知得到进一步巩固。从情态角度分析,这一段所用的情态词不多,主要包括两个表频率(而且是高频率)的词"一般"和"往往"、一个表可能性的词"有可能"和一个情态隐喻"避孕的可能性就越大",这使得它整体上呈现出较强的肯定极性(polarity),与读者协商的余地并不大。从评价理论的视角来说,这样的情态使用似乎构成了引发性的介入,其人际功能是对话的扩展(Martin & White,2005:104-111),但对介入资源的主体间性功能的考察还需要结合特定的上下文和语境因素(Martin & White,2005:108),从上下文和语篇设定的交际语境来看,其对话扩展的意义并不大。最后,从衔接的角度看,本段运用了诸如"于是""从而""因为""因此""所以说"等一系列论证式的衔接词,显得逻辑缜密,不容反驳。

第Ⅲ段真正开始了人流知识"教育",主要围绕"人流是什么"和"人流有哪些副作用"两个问题展开。从情态和衔接分析来看,它与上一段的话语效果基本相似。值得注意的是,本段仅有的一个表可能性的情态词"有可能"(两次出现)指向的是人流手术的副作用。也就是说,唯一较容易引发对话介入的是有关人流副作用的陈述,而不是人流手术本身。就"人流是什么"这一问题来说,其知识建构明显有"归结主义"(reductionism)之嫌:本来一个十分复杂的问题被简单化为医学意义上的某种"手段"和"措施",即"非常规避孕手段""避孕失败的补救措施""中止妊娠手段"等,其社会、伦理等多方面的属性被一概抹杀。此外,从预设的角度看,说"人工流产……不能作为常规避孕手段"恰恰预设的是:人流可以作为一种避孕手段(不过是非常规的避孕手段)。这里的人流手术还被描述为"相对安全、简便""常用的",这些词都属于判断资源,表达了对人流手术这一行为的肯定态度,由于读者是处于被动地位的受教育者,这样的态度很容易得到认同。

对于人流的副作用,这一段的选词(wording)更具策略性,多是些语义模糊的词,如"感染""出血""早产",以及专业术语,如"继发性不孕""盆腔瘀血综合征""子宫内膜异位症"等。没有必要的解释,读者并不清楚会是什么样的"感染","感染"会有怎样的后果,因为"感染"本身不是一种病,也不是一种具体的症状,一般人对它没有清晰的概念;他/她们也不知道"出血"的量、频率、后果如何,而对于语篇的主要教育对象——"青年女性"来说，月经"出血"是司空见惯的生理现象，不是严重的出血问题，很多人或许并不会在意。至于"继发性不孕""盆腔瘀血综合征""子宫内膜异位症"这类的专业词汇，对于连人流都缺乏基本认识的读者来说，显然只是一堆含糊的医学术语，不知其所谓何物。

4.2.2 广告——操控读者的意识形态

词义选择（word meaning）是语篇操控读者解读的重要手段，它主要关注关键词的运用、词义的变迁及词汇的意义潜势（Fairclough，1992：236）。从这个角度来看，第二部分的一个显著特征就是"技术"一词的反复运用。科技在我们的生活中不断创造神话，以致许多人开始迷信"科学"与"技术"，似乎只要有它们存在，一切问题都可以迎刃而解。这里"技术"不断得以凸显，如"微管技术""可视技术""无痛技术""无菌技术""安全技术""康复技术"等，但从语篇对这些"技术"的解释来看，大多显得比较含混模糊，与上文所分析的医学术语一样，"受教育者"不可能有很好的理解，因而也很难对其提出挑战。不仅如此，有些"技术"（如康复技术）也只是简单地与一些技术性工作有关，而所谓的"安全技术"则根本不与任何技术相对应。

这一部分的第三个小标题"无痛技术 梦中抛掉意外烦恼"则是一个策略性的隐喻，其源域是人流手术，目的域是梦。梦的基本特征就是当时没有清晰的认识，结束之后什么也不会留下。除了"噩梦""梦魇"之外，汉语中与"梦"相关的隐喻大多都含有美好之意。这里"梦"的隐喻将人流手术比为一次没有（清醒）意识、结束后什么也不会留下的短暂经历，给人的印象是人流手术简单、轻松而且美好（能"抛掉意外烦恼"）。对受教育的读者而言，既然如此，那还有什么可担心，还有什么可犹豫的呢？

从评价理论来看，该部分利用评价资源的一些观念态度建构与话语操控特别值得注意。第一，运用了一系列的判断和鉴赏资源对东方女子医院的人流手术进行了近乎完美的评价，如对其伤害，评价为"最小""小"；对其安全性，评价为"更安全""安全"；对其手术环境，评价为"洁净舒适"；对其术后康复，评价为"快""健康""（依旧）美丽"等。第二，运用了一些列表否认（disclaim）的介入资源，如"无需扩宫""不伤宫颈""完全无痛""完全没有干扰下做手术""无任何疼痛感和不适""对感染说'不'""万例手术无过失的大夫、麻醉师、影像学医师、护士"等。所谓介入，指的是"一系列用以衡量作者/说话人的声音和语篇中各种命题相互关系的语言资源"（胡壮麟等，2005：319），White（2004）指出，否认实际上意味着语篇中的声音与某种与之相反的声音形成对立，它是压缩对话、限制挑战的一种方式。也就是说，这里否认资源的运用，压制了人流需扩宫、伤宫颈、有痛苦，手术会有干扰、有感染，医护人员会有过失等观点。一方面这与语篇标题的预设相呼应，另一方面也对上一部分提到的人流手术的副作用以及可能形成的互文链实施了相当程度的消解。

4.3 社会分析

Fairclough（1992：207-214）指出，商品化（commodification）是当今社会变迁和话语秩序重组的一个重要特征。所谓商品化，即对非狭义经济商品生产的领域和机构进行与商品生产、流通和消费一样的认识与组织的过程。在我国，医疗卫生领域是商品化的一个典型代表。虽然肩负着公共卫生服务、健康教育等社会职能，但医疗机构已基本成为按商品经济机制运作的市场主体。我们看到，各类医院诊所、各类医药的广告"满天飞"，连性病、人流等中国人认为极为隐私的东西都公然地见诸大街小巷和大众媒体。2006 年 10 月，新闻出版总署和国家工商总局联合发出通知，明令禁止在报刊上发布包括"人流"在内的 12 类医疗广告。"人流"广告本该彻底失去报刊这一话语空间，但实际上，语言的运作远比想象的复杂。广告话语已渗透到许多传统与广告无关的话语体裁中，形成"体裁殖民"（genre colonization）（Virtanen & Halmari，2005：22），从而以更加隐晦的方式操控读者。本文考察的这一语篇就体现了这样的体裁殖民，其中的科普话语是广告话语的附庸，为其服务。

从话语的社会矩阵视角来看，这一语篇涉及医疗机构、地方媒体、新闻广电出版管理部门、普通青少年及社会大众之间的复杂关系。医疗机构出于营利的目的，寻找媒体宣传自己的产品与服务，包括人流手术这一医疗服务。但出于社会伦理、人民生命健康等方面的考虑，新闻广电出版部门明文规定不允许大众媒体中出现人流手术等多种医疗广告。所谓"上有政策，下有对策"，一些地方媒体、网络媒体、公共交通移动媒体不愿就此丢失商机，仍然变着花样、运用不同的话语策略包装人流手术广告，以此牟利。在这样的社会关系网络中，普通青少年及社会大众总是处于弱势地位的，他们或是被教育、被广告投放的对象，或是被保护的对象，然而，当监管失灵，保护不到位出现时，他们很少有可以寻求改变现状的途径和机制。

我们最后来看话语的意识形态影响。从上文的分析中我们可以看到，这一语篇是嵌入科普教育话语的隐性广告，对人流知识的科普只是铺垫的，是操控读者的话语策略，其最终目的还是广告，为其提供的人流手术做推销。这样的话语运作，不仅塑造读者对人流手术的观念与看法、态度与立场，还会引发或者影响与之相关的情感和行为，如对人流手术的无畏惧感、信任感（因为有各种技术），没有避孕措施的性行为，怀孕后选择人流（而不是生产）的行为等。更为重要的是，这一语篇单纯从生理健康和医疗技术角度言说人流问题，抹杀了其在个人心理、（未来）家庭以及社会伦理等诸多方面可能带来的问题，会导致人们对人流认知的片面化与相关行为的去伦理化倾向，这是十分危险的。整体来讲，它会影响人们对性——避孕——怀孕——堕胎等一系列相关问题的认知与行为方式。应该说，这类人流话语的生产、传播和消费在我国当前堕胎问题的影响作用不可低估。

5. 结语

社会与话语密不可分，一个社会问题的产生、持续和恶化与相关的话语实践有着千丝万缕的关联，认识并介入这些话语实践是问题解决的重要途径。堕胎问题与媒体的相关言说和话语修辞的关系在国际学界已有所关注（Cole & Press，1999；Condit，1994）。我国的堕胎问题同样需要对相关话语实践，特别是"人流"话语的深入研究，解决这一问题也需要对"人流"等相关话语实践的批判性干预。本文运用一个整合了评价理论的新 CDA 三维框架，对某地方报纸上的一个语篇进行了个案分析，为中国"人流"话语研究打开了一扇窗口，但它只是初步的尝试，"人流"话语与堕胎问题的复杂性亟待更多、更全面的 CDA 研究的介入。笔者建议，后续研究可以基于较大量的语料展开，也可以考虑语料来源渠道的多样性，如医护人员与人流手术者的对话、网络上的人流手术咨询等。

最后要强调的是，CDA 的分析框架与操作方法并不是完全固定的，不一定要照搬既有的模式，我们可以也需要一些调整和创新，本文在这方面的整合性尝试需要在更多的实践研究中得以检验和完善，也希望能引发更多类似的探索。

参考文献：

Cole, E. R. & Press, A. L. 1999. *Speaking of Abortion: Television and Authority in the Lives of Women*. Chicago: University of Chicago Press.

Condit, C. M. 1994. *Decoding Abortion Rhetoric: Communicating Social Change*. Urbana: University of Illinois Press.

Fairclough, N. 1992. *Discourse and Social Change*. Cambridge: Polity Press.

Fairclough, N. 1995. *Critical Discourse Analysis: The Critical Study of Language*. London: Longman.

Fairclough, N. & Wodak, R. 1997. Critical discourse analysis. In T. A. van Dijk (ed.). *Discourse Studies: A Multidisciplinary Introduction* (Vol. 2). London: Sage, 258-284.

Martin, J. R. & White, P. R. 2005. *The Language of Evaluation: Appraisal in English*. Basingstoke: Palgrave Macmillan.

Stubbs, M. 1983. *Discourse Analysis*. Chicago: University of Chicago Press.

Van Dijk, T. A. 2001. Critical discourse analysis. In D. Schiffrin, D. Tannen & H. E. Hamilton (eds.). *The Handbook of Discourse Analysis*. Malden, MA: Blackwell, 352-371.

Virtanen, T. & Halmari, H. 2005. Persuasion across genres: emerging perspectives. In H. Halmari & T. Virtanen (eds.). *Persuasion across Genres: A Linguistic Approach*. Amsterdam: John Benjamins, 3-26.

White, P. R. 2004. Appraisal website. http://www.grammatics.com/appraisal.

Wodak, R. & Meyer, M. 2015. *Methods of Critical Discourse Studies* (3rd Edition). London: Sage.

胡壮麟、朱永生、张德禄、李战子，2005，《系统功能语言学概论》，北京：北京大学出版社。

李战子，2004，评价理论：话语分析中的应用与问题，《外语研究》，第 5 期，1-6 页。

王晋军，2002，CDA 与 SFL 的关系，《山东外语教学》，第 6 期，10-13 页。

王振华，2001，评价系统及其运作——系统功能语言学的新发展，《外国语》，第 6 期，13-18 页。

吴鹏、王海啸，2014，当代西方话语研究述评与本土化反思，《现代外语》，第 2 期，261-269 页。

支永碧，2007，批评话语分析研究新动态，《外语与外语教学》，第 6 期，27-32 页。

A Critical Discourse Analytical Approach to "Induced Abortion": A case study with an integrated analytical framework

Hou Song, Guangdong University of Foreign Studies

Abstract: Abortion as a social problem is tangled with discourse of "induced abortion." Through critical discourse analysis (CDA) of relevant text and talk, we would see how the latter shapes our knowledge and views, and whereby get to a deeper understanding of the issue. This paper integrates Fairclough's three-dimensional CDA model and Martin's APPRAISAL theory to form up a new analytical framework, with which it examines a text themed on induced abortion education in a local newspaper as the case study. What is revealed can be summarized as follows: in the text educational discourse is colonized by advertisement discourse and it shapes positive conceptualization and attitude about induced abortion; through a multitude of discursive strategies, the text diminishes the harms induce abortion may cause to physical health and obfuscates the social, ethical nature of the operation. As a result, it may manipulate people's action and way of living connected to this.

Key words: discourse of "induced abortion", abortion, critical discourse analysis, APPRAISAL theory, new three-dimensional framework

作者简介：

侯松，男，湖北安陆人，博士，广东外语外贸大学广东省外语研究与语言服务协同创新中心博士后、云山青年学者 B 岗研究人员。研究方向：批评话语分析、翻译学、跨文化研究、文化遗产学。

附：语料（段首编号为笔者所加）

人流 安全最重要

（I）目前一些城市未婚育龄女性的人工流产率已高于已婚妇女，而其中很大一部分是在校学生。随着在读大学生婚禁的解除，这种情况有加剧的趋势。为此，有关专家建议为青年女性提供生殖健康知识，进行科学的避孕指导，推迟其性生活的年龄，降低人流率，减小对其健康以及婚姻生活的影响，预防心理伤害。

（II）安全期避孕，其实不安全

所谓安全期避孕是根据女性排卵期和精子、卵子在女性生殖道里存活时间，推算出不受孕的一段时期，于是性交就选择在这段时间里进行，从而达到避孕目的。卵巢排卵一般在月经来潮前 14 天左右，排卵期的前 3 天和后 4 天为易受孕期，除了这几天之外，均为安全期。距离行经期越近，避孕的可能性就越大。但是这种推算法往往是不可靠的，因为女性排卵的时间，受外界环境、气候、本人的情绪，以及健康状态等因素影响，从而出现排卵推迟或提前，并且还有可能发生意外排卵。此外，精子和卵子在女性生殖道里的最长存活时间也无从最后定论，因此，安全期无法算得准确，所以说，安全期避孕不安全。

（III）人工流产是一种补救措施，不能作为常规避孕手段

人工流产是女性避孕失败不得已的一种补救措施，这一手术相对安全、简便，因而在临床也是常用的中止妊娠手段。但人工流产只是一种补救手段，而决非首选的上策。这是因为，人工流产并非没有任何副作用，它有可能引起感染、出血、继发性不孕、盆腔瘀血综合征、子宫内膜异位症、自然流产、早产等一系列并发症，严重者还有可能因此出血过多导致死亡。所以，人工流产是女性避孕失败不得已的一种补救措施，并不能

作为常规避孕手段。

（IV）东方女子医院，六大技术保障人工流产安全

一、微管技术 把伤害降到最低

提前10天终止早孕，伤害小，恢复快，无需扩宫，不伤宫颈。

二、可视技术 看得见更安全

手术中医生在屏幕上可直接观察宫腔内部状况，确定孕囊方位，对绒毛进行定点吸引。医生看着屏幕做手术，准确性得到大幅度提高。

三、无痛技术 梦中抛掉意外烦恼

采用短效静脉麻醉方法，40秒内可进入睡眠状态，麻醉后完全无痛，医生可以在完全没有干扰下做手术，有利于保证手术质量，手术过程仅3分钟，术后5-10分钟，术者清醒，无任何疼痛感和不适。

四、无菌技术 对感染说"不"

标准层流超净手术室采用空气层流超净化装置，除尘灭菌，创造一个洁净舒适的手术室空间环境，人流中感染率趋于零。

五、安全技术 专业所以安全

手术由经验丰富的万例手术无过失的手术大夫、麻醉师、影像学医师、护士四人共同完成，同时充分尊重和保护术者的个人隐私。

六、康复技术 健康依旧美丽

术后采用人流术后康复系统，恢复子宫肌体活性，避免妇科炎症及其他并发症的发生。

《话语研究论丛》第三辑
2016 年
第 42-55 页
南开大学出版社

论　文

跨文化话语场域中的"修辞人格"和"机构形象"

——苹果"售后门"事件的修辞反思及其启示[*]

◎ 汪建峰　　福建师范大学外国语学院

摘　要　将苹果"售后门"事件视作一个跨文化"话语事件",并从福柯的话语理论和西方修辞学的视角分析这一事件中当事双方使用的修辞策略,发现:苹果方面所采取的危机公关修辞未收到预期效果,也使其"修辞人格"破产;而我国主流媒体采取的话语策略则以维权姿态诉诸政治性语言表达,投射出一个容易引发误解的"机构形象"。究其原因,可以认为是话语双方缺乏跨文化的受众意识以及跨文化话语互动所必须具备的修辞素养。

关键词　苹果"售后";修辞人格;机构形象;话语事件

1. 引言

对于 2013 年央视"3·15"晚会(下称"晚会")所引发的苹果"售后门"事件,[1] 人们可以有不同的解读:一起单纯的产品售后服务争议事例?一个影响甚广的跨国贸易摩擦案件?一起严重的商业纠纷事件?一次跨文化"交流失迷"(miscommunication)案例?[2] 甚或,一个动机复杂的政治事件?[3] 众说纷纭,莫衷一是。凡此种种的观察视角,纵使有其内在的逻辑必然,对于解读这一跨文化事件的人们来说,亦不无启发,但也难免挂一漏万,以偏概全。如果立足于一个不同的平台,变换一个观察视角,即从跨文化

---

[*] 通讯作者:汪建峰
联系地址:福建省福州市(350007)仓山区上三路 8 号,福建师范大学外国语学院
电子邮件:chriswjf@126.com

话语互动这一视角来对这一事件加以解读,则观察视域会变得宽阔很多,也就不难发现,这完全是一个近年十分典型,而且未来还会频发不断的跨文化"话语事件"(discursive event)。[4]

那么,我们应该在一个什么意义上理解"话语"?要回答这个问题绝非易事,在各种各样的话语分析或研究热得发烫的当下学界,并没有一个为大家所公认的定义。正如 Sara Mills 所指出的,"话语"虽可以说是"文学"和"文化研究"领域中意义最广的一个词,但又是"理论文本中最少被界定的术语"(Mills,1997:1)。不过,即便如此,后现代话语理论倾向于认为,"话语"不是索绪尔所主张的一个密闭的语言系统中缺乏语境的"言语"(langue),而是 Emile Benveniste 所认为的根植于具体语境的鲜活的"言语"(parole)。按照 Michel Foucault 所做的划分,话语有着三个基本含义:其一,"话语是所有申述的统称",也就是说,话语指的是"所有具有意义并且能对现实世界产生效果的表达、言辞、说法、文本等等的集大成";其二,"自成一体的一组申述",亦即"其内部结构具有独特的一致性和效力,因而在广义的话语内部可以被识别出来的某一言辞组合";其三,话语是"一种被规约了的实践",而这一实践"赋予一组特定的申述以意义"。(Foucault,1972:80;刘亚猛,2004:5)

从福柯这一定义来看,话语也可理解为一般意义上的"言说"(speech),其基本的理论立场是,每一个话语行为都被置于一个具体的交流场域,都预设了言说者与其受众之间所存在的权力关系,言说者"有意以某种方式影响其受众",并诱发某种行动或至少造成某种意向(Mills,1997:4-5)。当代美国最重要的修辞思想家 Kenneth Burke 认为,人既是"使用象征的动物",又是"滥用象征的动物",在这个意义上,"修辞是将语言作为象征手段使用,以在本能上对象征作出反应的人的身上诱发合作"。伯克致力于将传统意义上作为一种"说服艺术"(art of persuasion)的修辞,改造为一种强调合作的"认同艺术"(art of identification)。无论是"说服",还是"认同",本质并没有什么差异,二者不是对立的,"说服"可以是"认同"的目的,"认同"可以是"说服"的手段,反之亦然。二者是"人类所共享的对彼此产生效果的所有资源"的不同配置方式而已(Booth,2004:xi)。如当代修辞学家 Wayne Booth 认为,"[修辞]是发现言之有据的信仰并于共享话语中加强这些信仰的一门艺术……探究我们相信我们应该持有之信念的艺术,而不是依据抽象之方法证明什么是真实的"(2004:8);又如美国修辞学家 Lloyd Bitzer 认为修辞是"改变现实的一种方式。这种改变不是通过直接将能量应用于物体,而是通过创造话语并以思想和行动为媒介来改变现实"(Booth,2004:8)。

西方修辞强调话语效果,坚持言说者和受众的互动是话语生成的唯一途径。在西方语言中，"修辞"与"话语"之间的密切关系甚至可以追溯至古希腊时期。在美国当代著名修辞史学家 George A. Kennedy 看来，亚里士多德所著《修辞学》就是一种"公共话语理论"（Kennedy，2007）。在亚里士多德看来，修辞则是"一种在特定场合发掘可资利用的说服手段的能力"（"[R]hetoric can be defined an ability, in each particular case, to see the available means of persuasion."）（1355b）。对于言说者来说，说服手段主要有以下三种："情"（pathos，即受众的情感心理状态）、"理"（logos，即言说的道理）以及"威"（ethos，即文本所投射的"人格"）。一个话语行为有着三个要素，即言说者、话题以及受众，其目的取决于受众，而按照受众的不同，话语实践可以分为三大类，即"审议性言说"/政治修辞（deliberative speech）、"庭辩性言说"/法律修辞（judicial speech）以及"表现性言说"/典仪修辞（demonstrative speech）的理论总结（1358b）。

综上，我们完全有理由认为，在后现代主义语境中，"话语"（discourse）与"修辞"（rhetoric）几乎是同义词。对于参与或涉及跨文化话语互动的人们来说，修辞是指"对人际的、跨文化语境中的话语和话语策略加以系统地、有序地运用和研究，它反映和强化了修辞学家自身的意识形态与话语生产和话语消费的规范，及其所具备的说服能力，以及对话语资源加以调适和调配的能力"（毛履鸣，2014：27）。本文正是基于上述这一理论背景来展开相关话题的讨论的。

2. "傲慢"与"偏见"：中国主流媒体的"苹果形象"

要讨论这个问题，首先得从央视"3·15"晚会的一段关于苹果手机的视频开始。这段时长约为 10 分钟的视频，主要以夹叙夹议的修辞手法展开叙述，内容主要由主持人语、对苹果用户和客服的现场采访以及相关分析评论所组成。苹果之所以给人们留下"傲慢"与"偏见"的机构形象，首先见诸晚会所播放的一段关于苹果售后服务的视频。随着电视画面中出现一个大大的问号，电视主持人开始这段视频的开场白：

问号是我们熟悉的一个标点符号，如果说我们写文章的时候，我们有疑问，会写下一个问号。我们作为消费者，对产品不放心的时候，也会在心里画上一个问号，而生产经营者，他们在面对利益的时候，自然会受到良心的拷问。那么今天，我们首先从问号开始，我们都知道，苹果企业是全球一家知名的大企业，在中国也有很多的粉丝，这些粉丝们呢，把他们叫"果粉"。不过，有的果粉真的是很辛苦，他们为了在第一时间买到一款新的产品，所以往往会通宵地在寒冷的寒风中排队，有的粉丝呢，非常的节约。因为他们为了追逐心里那份喜爱和时尚，常常都会精打细算，节衣缩食。那么，面对这样

消费者的迷恋，很多企业非常的羡慕。那么，苹果又是如何来回报这些果粉们的热情和执着的呢？一起来看。（着重号为笔者所加）

似乎再平常不过的一段话语，却说出了果粉们压抑心中的愤懑情绪，为了在"第一时间"得到自己喜爱的产品而不辞"辛苦"，"精打细算"，"节衣缩食"，甚至甘愿通宵达旦地冒着凛冽的"寒风"，"排队"等候。在这段主持人语中，一个个铁杆死忠的"果粉形象"呼之欲出。然而，与之形成鲜明对比的是，作为"一家全球知名的大企业"，苹果从荧屏打出一个巨大的问号开始，就无可避免地被置于一个"拷问"的语境，所应受到拷问的，不仅是这家知名企业的"良知"问题，还有它应如何回应果粉们的"迷恋"，以及如何"回报"果粉们的那份"执着"与"热情"的问题。一个"负心汉"似的企业形象已然生成。

大概没有人会相信，这段开场白只是个人的即兴发言。社会语言学家 James Paul Gee 曾别出心裁地将"话语"分为两种，一种是英文首字母小写的"话语"（discourse），是指"具体场合的语言运用"（language-in-use），或者"产生意义的一个语言链"，其目的是为了"扮演活动和身份"，但仅靠语言是难以达到这一目的的，这一过程必然卷入非语言因素，而非语言因素和语言因素的混合物则是英文首字母大写的"话语"（Discourse），指的是"一种为社会所接受的联系"，这种联系基于"各种语言运用、思维、感觉、信仰、评估以及行动的方式"，其目的是为了"识别自己是一个有其社会意义的群体或社会网络的一员"，或者"示意自己所扮演的角色是有其社会意义的"。尽管我们是很多大写开头的"话语"的成员，但只有一种主流"话语"是决定性的，这种话语既"建构了我们的第一身份"，也决定了我们与其他大写的"话语"的互动状态。（Gee，1990：143；Gee，1999：7；Mao，2006：155）以此看来，尽管主持人话语不可避免地会融入个人的表达风格，但这种貌似个人的语言风格，其实所代表的是一个机构的声音。台上的主持人好像是一个人在说话，但其实是代表其所属机构（即央视）在言说。因此，这个机构赋予主持人以机构身份和权威。换言之，主持人是代表央视在言说，其观点显然具有央视的官方色彩及其所赋予的机构权威性。听似漫不经心的文字表达，却是言之凿凿，运筹帷幄，诉诸万千"果粉"。

该段视频历时约 10 分钟，内容主要分为主持人陈述（开头以及结尾）、对苹果用户的现场采访和对苹果服务人员的明察暗访、相关法律法规条文的解读，以及关于苹果实行中外有别的歧视性政策等四个方面。按照西方古典修辞思想所划分的三大说服资源来看，该段视频主要从"情"（述说铁杆果粉们的忠实消费行为与苹果的傲慢行为）、"理"（苹果未能完全履行承诺，苹果实行中外有别的售后政策这一事实，以及苹果的相关规定与中国的法律法规不符）以及"威"（央视以其机构权威的身份发出声音，苹果的"人品"问题可能威胁其在华的巨大商业利益）三个方面，对苹果的企业行为进行严格的拷问（刘亚猛，2004：165）。尤其在该段视频的末尾，主持人似乎话中有话：

> 一个大企业，用一个小小的手机后盖和消费者玩起了游戏。那么，作为一家知名的企业，应该遵守各个国家的法律法规，不应该耍小聪明，相反，应该承担起更多的商业责任和社会责任。消费者是包容的，好产品都喜欢，但是消费者也是较真的，因为在购买产品的同时，还要看人品。

在这段结语中，苹果的保修政策被界定为一种"游戏"，其相应保修行为则被定义为一种"耍小聪明"之举，而这些显然与"大企业"所应该具备的大格局意识、法律法规的严肃性以及企业所应承担的社会和商业责任格格不入。这段话语所投射出的苹果轻视消费者、责任意识淡薄等机构形象特征，与苹果客服人员惯用的一句口头禅（"这是苹果/厂家规定的"）所体现的那种"舍我其谁"的霸王形象始终贯穿于这段视频。主持人语所投射出的苹果"机构形象"应该具有很大的负面效应。其结果有二，一是促使消费者重新审视苹果"产品"与其"人品"的关系，二是消费者被迫在"包容"与"较真"之间做出选择，直接影响其消费行为。且不论这种机构性的运作模式（央视充当消费者代言人）是否恰当，单从修辞效果来看，这段视频的播出对苹果"公司形象"所造成的沉重打击，是显而易见的。[5]

3. "将傲慢进行到底"到"亡羊补牢"：苹果危机公关修辞的失策及修辞人格的破产

不过，令人颇感意外的是苹果回应的力度及其时效性。对于苹果这样一个在中国智能手机市场拥有巨大份额的公司来说，中国主流媒体密集而又强力的批评，不啻为一个重大的危机事件。按常理分析，苹果理应在第一时间予以回应，并且回应的内容及力度都须极为讲究。然而，出人意料，苹果的"傲慢"与"偏见"频频见诸中国主流媒体的新闻话语之中；令人不可思议的是，在其危机公关话语中，一家知名跨国企业所特有的那种"舍我其谁"的"霸气形象"同样跃然纸上。在这份题为《Apple 中国关于售后服务致消费者的声明》中，尽管苹果对主流媒体的指责作出回应，但应该说苹果毫无悔意。它非但没有在第一时间道歉，且在这份姗姗来迟（3 月 23 日，即晚会播出 7 天之后）的所谓"声明"中，苹果刻意为自己的产品及其经营和销售理念等方面进行辩护。

首先，该声明开门见山地指出，"我们高度尊重中国的消费者。苹果公司致力于生产世界一流的产品,并为所在市场的消费者提供无与伦比的用户体验"。接着,声明主要就"Apple 在中国保修政策的一些疑问"和"处理 iPhone 维修事宜"作出说明。就保修政策而言,声明不仅否认存在中外有别的歧视性政策,认为"Apple 在中国所提供的保修政策和在美国及世界各地大致相同",一些具体做法也会"根据中国的法律法规调整",而且还表示中国消费者已经"享有 Apple 最高标准的服务"。在经营理念上,声明认为,"Apple 的做法更加符合我们追求卓越顾客服务的理念",为了满足顾客的期望,苹果为自己设定了比同行业"更高的标准"。例如,维修后的苹果手机享有 90 天的保修期,而按照中国的法律法规,却只有 30 天。

从危机公关修辞的角度来讲,苹果公司公关部门人员的修辞素养有待提高,这至少可以从两方面来谈。其一,修辞的"时机"特别重要,早了不行,晚了也不行,必须准确拿捏发言时机。在西方古典修辞思想中,"时机"(kairos)是一个十分重要的概念,言说者能否在一个恰当的时机发表一番恰如其分的言说,是一种高超的智慧。从这一点来看,苹果相关部门竟然在晚会播出一周之后,才做出回应,行动迟缓,错失了绝佳的发言时机,难免让人觉得苹果傲慢有余,敏锐不足。从修辞谋略来讲,这本来是发表一份"罪己诏"(mea culpa),对道德评判的话语高地进行"强攻"的绝佳时机,苹果理应在第一时间对外界的质疑和广大消费者的诉求做出回应,但是,苹果却选择了沉默,浪费了这样一个时机。[6]其二,从"修辞人格"的角度来讲,这份声明在修辞上是失败的。因为,从声明的内容可以看出,苹果不仅没有展现出足够的诚意,不承认区别对待的歧视性事实并就此道歉,更有甚者,读来难免让人产生一个错觉,那就是苹果想要"将傲慢进行到底",也许"傲慢"就是乔布斯带给苹果的企业文化基因之一。所谓"修辞人格",也即西方古典修辞思想的"威"(ethos)这一概念,按照亚里士多德的见解,"修辞人格"是指文本所投射出的言说者的人格力量和魅力,它与言说者平时为人如何没有关系,也就是说,"修辞人格"来自文本内部,而不是文本外因素。在《修辞学》中,对于"威"的生成机制,亚里士多德作了如下一番精辟的表述:

> 当言说使受众觉得,修辞者是个值得信赖的人,[这时]就有了诉诸修辞人格的说服。这是因为,一般来说,不管遇到什么情况,我们往往更倾向于相信办事公道的人。尤其是有些时候,[所涉话题]虽没有确切知识可言而却又有质疑的空间之时,则我们完全信任[办事公道的人]。[这种信任],来自言说[本身],而不是源于之前[人们对于言说者]的看法,跟言说者平时为人如何也没有关系。之所以[如此],[是]因为[情况]并不是之前《修辞手册》的作者们所说的那样,言说者一方[所表现出的]公正性,对于说服没有什么帮助,相反,可以说,修辞人格几乎是最为权威的说服形式。(Aristotle, 1356a)

从这一点来看，苹果完全有可能通过声明这个文本，投射出一个"负责任的企业形象"，正如刘亚猛所言，"修辞人格"（ethos）实际上是言说者的一种"自我形象构筑"（刘亚猛，2008：57）。

随着主流媒体的穷追猛打（下文详述），以及批评的力度不断加大，局势有进一步升级的可能。当然，苹果也意识到了事情的严重性，于是，苹果以总裁蒂姆·库克（Tim Cook）的名义在官网上发表了《致尊敬的中国消费者的一封信》。信中，库克开门见山，直抒胸臆：

> 在过去的两周里，我们收到了许多关于 Apple 在中国维修和保修政策的反馈。我们不仅对这些意见进行了深刻的反思，与相关部门一起仔细研究了"三包"规定，还审视了我们维修政策的沟通方式，并梳理了我们对 Apple 授权服务提供商的管理规范。我们意识到，由于在此过程中对外沟通不足而导致外界认为 Apple 态度傲慢，不在意或不重视消费者的反馈。对于由此给消费者带来的任何顾虑或误会，我们表示诚挚的歉意。

从时机上看，颇值得玩味的是，声明的发布时间为 2013 年 4 月 1 日，正值西方的愚人节，苹果这份重压之下而姗姗来迟的道歉信，到底是苹果 CEO 跟中国消费者开了一个玩笑，还是 Tim Cook 向中国市场"低头"？但无论怎么样，这毕竟也算是一种态度，借用一句英谚的说法，"迟到总比没来好"，道歉总比没有道歉好。信中，库克直面中国消费者的合理诉求，郑重承诺提高服务水平，并保证："Apple 对于中国的承诺和热情与其他国家别无二致。"

4. "宜将剩勇追穷寇"到"搬起石头砸自己的脚"：主流媒体的"话语失策"与执法部门"姗姗来迟"的机构形象

在此次话语事件中，以央视为代表的主流新闻媒体展开集体行动，发起了一轮又一轮的"冲击波"，对苹果形成话语意义上的"饱和攻击"态势。在"3·15"晚会播出之后，包括《光明日报》《新华每日电讯报》等百家主流媒体都对晚会曝光的内容予以转载和报道，另有全国三十多家平面媒体的总编辑撰写了五十多篇评论。《人民日报》更是十分罕见地连续几日发表评论员文章，如 3 月 25 日的《傲慢苹果"啃"不动》、3 月 26 日的《"霸气苹果"伤了啥？》以及 3 月 28 日的《打掉苹果"无与伦比"的傲慢》等文，都对苹果拒不道歉的傲慢态度进行了严厉批评。这种密集型的饱和攻击态势、多家媒体共同"行动"的作业方式，以及形式多样的话语策略，实乃近年所罕见。以央视的相关报道为例。继"3·15"晚会之后，央视《焦点访谈》于 3 月 22 日跟进报道，再次聚焦于苹果的双重标准。更值得一提的是，央视《新闻联播》破天荒地对事态的发展进行连续跟踪报道。如在 3 月 27 日晚的节目中，指出苹果的声明"避重就轻"，蓄意"对抗消费者的合理诉求"；在 3 月 29 日晚的节目中，央视批评指出，尽管苹果在中国拥有最大数量的果粉，但它所承诺的"三包"服务却缩水，其"霸王"条款更是招致多国的制裁和处罚；在 3 月 31 日晚的节目中指出，尽管苹果 iPad 系列产品的保修期已延长，但其服务政策仍受诟病。

可见，此次报道所涉及的媒体之多，其规模和力度之大，影响力之广，实属罕见。正如前文所述，其所营造的消费者"代言人"形象及其"咄咄逼人"的气势，迫使苹果不得不低头郑重地道歉，并对中国消费者的合理诉求做出回应，对其系列产品的保修政策进行调整和改进。但是，这是否为一个上佳之策，却依然值得深入探讨。其实，更有资格作为广大消费者"代言人"的，是我国的相关执法部门。不过，这整个过程中，它们似乎只扮演了"姗姗来迟"的机构形象。在"3·15"晚会播出近两周之后，国家质检总局才于 3 月 27 日就苹果售后服务投诉做出回应，指出苹果售后规定涉嫌违反我国法规。直到 3 月 28 日，工商总局才向全国工商系统发出《加强对苹果等电子产品企业利用合同格式条款侵害消费者权益行为执法监督的通知》，要求查处苹果"霸王"条款，对"苹果"等电子产品加大市场监管，维护消费者合法权益。3 月 29 日，中国消费者协会公开劝谕苹果公司，尊重消费者合法权益，彻底改正存在问题，向中国消费者真诚道歉。

回想起来，如果此事是由央视曝光，再由相关执法部门出面调查和处理，再由媒体跟进报道，整个流程是否会更合理一些？答案也许是肯定的。以"3·15"晚会结束之后一条广为散播的微博为例。在这条注册名为"何润东"，标题为"#315 在行动#"的微博中，博主这样写道：

苹果竟然在售后玩这么多花样？作为"果粉"很受伤。你们这样做对得起乔帮主吗？对得起那些卖了肾的少年吗？果然是店大欺客么。<u>大概 8 点 20 分发</u>。

显然，在这条被众多社会名流转发的微博中，博主有意于感之以情（指出苹果在售后上玩弄花招，果粉深受其害，此做法可迅速地使得果粉进入义愤填膺的心理情感状态，有效地获得果粉们的认同，将他们动员集结起来，采取行动）、动之以理（将苹果的乔帮主搬出来，指出苹果的所作所为显然违背了其经营理念和初衷，而这与果粉们对苹果品牌的忠诚，比如有的果粉居然通过出卖身体器官来购买苹果产品，形成了鲜明的巨大反差）、示之以威（指出苹果"店大欺客"的霸道做派，苹果应该为自己的傲慢行为付出代价）。这样一段经由特殊群体发出的微博话语，当然有助于在第一时间让果粉们采取集体行动。然而，该微博的最后一句话（"大概 8 点 20 分发。"），却无意中暴露了这段微博话语的"隐秘的"生成及运行机制。尽管博主发现失误后，第一时间发出声音，说自己的微博账号"已遭到黑客的入侵"，否认该条微博是自己发出的，但这种补救措施不仅没有收到实效，还暴露了欲盖弥彰的微妙心理，而随着这条微博为更多名人所转发，这几乎就等于坐实了国外媒体对我国的不实指控。

对于该微博，西方各大主流媒体纷纷予以报道，并发表评论，甚至视其为中国政府"蓄意"打压苹果的例证。例如，《中国对苹果进行笨拙攻击》一文指出，"你如何知道自己在中国获得了巨大的成功？就是当中国主流媒体对你进行公然而又微妙的攻击时"。其嘲讽和揶揄之意还体现于下面这一段话中：

过去一周以来，中国中央电视台通过新浪微博这一拥有 4 亿多用户，以及深受欢迎的中国版推特（Twitter）和脸书（Facebook）的混合物，对苹果展开了笨拙的名誉攻击。正如《华尔街日报》所指出的，在央视报道了苹果的"歧视性保修和售后服务政策"之后不久，大批名人在当地黄金时间 8 点 20 分在该网站发布微博。不幸的是，显而易见，有些名人在发布微博之后忘记了删除发布时间的通知。比如，演员何润东就是其中之一。（下画线系笔者另加）

画线句子所指，当然是艺人何润东微博中"8 点 20 分发"这一句话。据悉，类似的微博同时出现于各大网站，还配发了大量的网友评论。尽管当事人何润东随即意识到了"错误"，即刻删除了那一"画龙点睛"之句，同时声明该微博账号已被盗，博文非自己所发。然而，事与愿违，对于这种欲盖弥彰之举，外国媒体不但不予承认，甚至认为它是"社交媒体用户中的名人在做了可疑的事情之后，所采用的一种屡试不爽的伎俩"，也注定成为国外媒体的笑料和炒作的佐料，并引以为证指责"政治性运作"。

又如，在英国《每日电讯报》的记者看来，[7] 该微博乃是一个"名人阴谋"（celebrity conspiracy）："一系列旨在批评苹果的信息，是通过一些名人在公共社交网络微博上发布的，看起来是一次有组织行动的一部分。"[8] 从修辞的运作机制来看，只有善于把修辞性隐藏起来的修辞，才最有可能达到其预期的修辞效果，而一旦其修辞性得以暴露，则不仅修辞效果会大打折扣，甚或起到反效果（counter-productive）。

5. 外国媒体的叙述策略及其"别样叙事"

实际上，这种反效果很快就从国外媒体的相关报道中得到了印证。正如国外媒体所指出的那样，在此过程中，中国媒体罕见地以一个声音进行密集报道的态势，却很容易被曲解为某种政治与意识形态力量主导下的"集体行动"。在这方面，美国《华盛顿邮报》所登载的一篇报道颇具代表性。该报记者埃里克·奥格（Erica Ogg）在《苹果热爱中国，而中国政府却不领情》（"Apple Loves China, But Its Government Is Not Returning Those Feelings"）一文中认为，[9]此次"中国官方电视网络让名人在社交媒体中对苹果的客服说三道四"，"看起来像是"一次"协调一致的行动"（a coordinated attempt）。让记者感到疑惑不解的是，在"一个苹果公司曾引以为豪的国度"里，人们何以"近来对苹果有这么多的怨恨"？该报记者引述了《华尔街日报》所刊载的一则报道，以棒球运动中的"头侧球"（brushback pitch）来形容中国主流媒体的批评，认为它们之所以抛出这些头侧球，乃是出于如下两种考虑，其一，这是"[中国]政府阻止中国企业被国外竞争者排挤出局的方式"，其二，这是"政府积极鼓励国内智能手机公司的发展，并给占处于主导地位的国外公司制造麻烦的方式"。该文作者认为，尽管还不清楚苹果公关团队在中国的运作与其他地方有什么不同，但有一点是极为明确的，对于所要做出回应的"请求"，苹果公司是"极为讲究的"。也就是说，人们如何看待苹果在中国的"市场占有率""苹果产品"及其"品牌"，对于苹果公司的未来而言，是极为重要的，正如总裁库克所指出的，中国迟早都将取代美国，成为苹果最大的消费市场。总而言之，在记者看来，在中国这样一个"对国内商业、产业以及媒体有着特大控制的共产党国度"里，其游戏规则显然有别于世界其他地方。至于知识产权以及商标法，"苹果与中国主流媒体的关系"是未来"值得关注"的一大看点。

又如，在《中国对苹果进行笨拙攻击》一文中，《华盛顿邮报》记者 John Koetsier 表达了类似观点，指出尽管苹果已经在中国取得了"令人难以置信的成功"，但却未能与中国移动这一拥有 7 亿用户的最大手机网络运营商达成协议，以及随着苹果不久推出苹果迷你版在中国销售，苹果"需要与中国的商业以及政府建立良好关系"。但在该文作者看来，"在中国的巨大利益集团"不愿意使这一关系成为"现实"。[10]

再如，在《中国再一次抨击苹果》（"China Takes Another Swipe at Apple"）一文中，英国《每日电讯报》的记者主要就《人民日报》社论、中央台所举办的"3·15"晚会以及双方争议的焦点（苹果保修政策）作了简要评述，进而指出，"中国利用国家级新闻媒体向苹果发起了迅猛攻势，这再一次表明，北京对苹果制造商在该国智能手机市场的影响力表示不满"。

6. 结语

综上所述，我们有充分的理由认为，中外双方围绕苹果售后及保修政策所发生的争议，是一次极为典型的跨文化"话语事件"。卷入这一事件的话语伙伴，都在第一时间采取了不同的话语策略以及舆论攻势，但从修辞的视角来看，这些策略所刻意塑造的"修辞人格"与所要达到的修辞目的南辕北辙，非但没有达到预期效果，还起到了反效果的作用。从某种意义上说，苹果方面所采取的危机公关修辞，是完全失败的，致使其"修辞人格"破产。另一方面，我国有关部门似乎从一开始就出现了机构性运作方面的失误，该发声的机构没有及时发声以及发好声，主流媒体却又采取了十分笨拙的话语策略，一味以维权姿态诉诸政治性语言表达，在错误的时间投射出一个容易引发误解的"机构形象"，落入西方媒体所指控的"政治化运作"的泥沼之中，不可自拔。这种话语策略显然缺乏跨文化话语互动所要求的修辞素养，如强烈的受众意识、灵活的话语策略以及"修辞人格"或机构形象的塑造，等等。

与此同时，这场争论也给所有关心和致力于跨文化话语互动的人们带来了几点启示。首先，"修辞人格"是一种基于文本的"形象塑造"，是言说者依据场合和受众特性所投射出的"人格"，是其实现预期的话语效果的题中应有之义，带有明显的话语建构的痕迹，这种投射应灵活多变，而非以一种"脸面"示人。其次，"机构形象"实为一种广义上的"修辞人格"，苹果公司的政治敏感度不足，危机处理的修辞意识淡薄。再次，中国主流媒体的报道显得不够灵活，只懂得口诛笔伐，明显缺乏策略性，甚至一度陷入被动。这种做法实际上坐实了外国媒体指责中国政府将此事加以"政治化"的"证据"。与中国主流媒体诉诸苹果中外有别的歧视性售后政策及其傲慢态度不同，西方主流媒体在关注此事时，其叙述策略主要是围绕中方"刻意"将此事加以"政治化"来展开报道的。最后，需要指出的是，中国有关部门亦步亦趋，反应迟缓。从修辞的角度来说，跨文化话语互动所需要的是我们与所涉的西方话语伙伴进行"修辞周旋"的能力，大处着眼，这是为我国依据国情所实行的特殊体制而辩护的能力，小处着眼，是指国人争取合法正当的权益及合理诉求的话语能力。这，才是我国所亟待加强的宏观软实力。

致谢：

本文初稿曾在"修辞学·中国话语·社会发展：中国修辞学会 2014 年学术研讨会（福建泉州）"上做小组发言，得到与会专家学者的点评。此次出版时，田海龙和尤泽顺两位教授又提出了不少建设性的修改意见。谨致谢忱！

注释：

① 据悉，近年来，为了维护中国广大消费者的合法权益，在一年一度的"3·15"晚会上，央视都会选择并曝光一家跨国企业在生产或销售环节所出现的问题，这几乎已成为一个惯例。在 2013 年"3·15"晚会上，苹果"不幸"中枪，成为晚会精心烹制的

一道大餐。央视予以曝光的是苹果手机售后服务问题，即该公司在售后服务上实行中外有别的歧视性政策。具体地说，就是在产品出现质量问题时，由于苹果手机高度一体化，维修难度大，苹果公司对于出现故障的手机，除摄像头、振铃等少数部件外，一般不做维修，而是以换代修，这种维修方式被称为"整机交换"。但是，实际上，在对待中国客户时，苹果并没有兑现这一承诺，没有实行整机更换。中国客户发现，手机只是部分得以换新，手机后盖仍然是旧的。而在美国本土、欧美其他国家以及亚洲其他国家，客户都享受到了整机更换的待遇。因此，中国广大客户觉得受到了歧视，在晚会播放过程中，一些受访者表达了不解和愤慨，要求苹果公司应一视同仁，尊重中国消费者所该享有的合法权益，取消这一歧视性政策。

② 见刘亚猛：《跨文化"交流失迷"及其因应之道》一文，刊于《福建师范大学学报（哲社版）》2004 年第 2 期，第 85-89 页。

③ 如下文所述，国外某些媒体将此事置于中兴、华为等国产品牌智能手机在国外遭遇挫折的语境中进行报道、解读和分析，刻意渲染苹果遭致"政治打压"的氛围。

④ 所谓"话语事件"（discourse incident），广义上是指某一话语行为所引发的公共争议性事件，可能涉及政治、经济、文化、历史以及外交等领域的热门话题。所涉话语伙伴，出于不同的目的和兴趣，积极采取各种话语手段和策略，以期改变事件的性质，或者促使事件朝着对己方有利的方向发展。进入 21 世纪以来，此类跨文化话语事件呈现出日益增多的趋势。如 2003 年本田轿车"中国狮"广告所引发的争议，在该片中，有"中国狮"向日本本田轿车敬礼的画面；又如在 2003 年立邦漆《龙篇》广告中，采用了"立邦漆滑到盘龙"的创意，在网上引起争议；再如 2004 年耐克《恐惧斗室》(*Chamber of Fear*) 篮球鞋广告片所引发的关于文化歧视的争议，在该片的五个场景中，NBA 球星勒布朗·詹姆斯（LeBron James）克服了各种恐惧，过五关斩六将，先后战胜了中国人模样的老者、飞天形象以及中国龙的形象。凡此种种的广告元素，都极易产生负面的文化意义，因而都可归入广义跨文化话语事件的范畴。

⑤ 从苹果产品在接下来几个月里销售额直线下滑这一情况来看，这种打击可以说是致命的。

⑥ 中国是苹果最大的海外市场，据悉 2013 年度第一季度苹果所得利润总额的四分之三来自中国。这样一个时机，从某种程度上说，可能决定一个企业能否起死回生，乃是成败攸关的关键时刻。无论从话语效果的角度，还是从经济效益的角度，抑或从道义的角度，时机的准确拿捏都是极为重要的。

⑦ 这条微博的英文版译文为："Wow, Apple has so many tricks in its after-sales services. As an Apple fan, I'm hurt. You think this would be acceptable to Steve Jobs? Or to those young people who sold their kidneys [to buy Apple products]? It's really true that big chains treat customers poorly. <u>Post around 8:20.</u>"下画线系笔者另加，该文下载网址：http://www.telegraph.co.uk/technology/apple/9955056/China-takes-another-swipe-at-Apple.html。

⑧ 这一段话的英文原文为："A series of messages criticising Apple, posted by celebrities on the Chinese social network Twitter, appear to be part of <u>an organised campaign.</u>" 该文下载网址：http://www.telegraph.co.uk/technology/apple/9955056/China- takes-another-swipe-at-Apple.html。

⑨ 该文下载网址为：http://www.washingtonpost.com/business/technology/apple-loves-china-but-its-government-is-not-returning-those-feelings/2013/03/26/cd448366-95b7-11e2-95ca-dd43e7ffee9c_story.html。

⑩ 该文下载网址为：http://www.washingtonpost.com/business/technology/china-outted-for-clumsy-state-media-attack-on-apple/2013/03/20/a5595850-90b6-11e2-9173-7f87cda73b49_story.html。

参考文献：

Aristotle. 2007. *On Rhetoric: A Theory of Civic Discourse* (2nd ed.). Trans. George A. Kennedy. New York and Oxford: Oxford University Press.

Booth, W. C. 2004. *The Rhetoric of RHETORIC: The Quest for Effective Communication.* Malden: Blackwell Publishing.

Foucault, M. 1972. *The Archaeology of Knowledge and the Discourse on Language.* Trans. A. M. Sheridan Smith. New York: Pantheon Books.

Gee, J. P. 1990. *Social Linguistics and Literacies: Ideology in Discourses.* London and New York: The Falmer Press.

Gee, J. P. 1999. *An Introduction to Discourse Analysis: Theory and Method.* London and New York: Routledge.

Holt, R. 2013. China Takes Another Swipe at Apple. *The Telegraph*, March 26.

Kinneavy, J. L. 1994. Kairos: A Neglected Concept in Classical Rhetoric. In Richard E. Young & Yameng Liu (eds.). *Landmark Essays on Rhetorical Invention in Writing.* Davis: Hermagoras Press, 221-239.

Mao, Luming. 2006. *Reading Chinese Fortune Cookie: The Making of Chinese American Rhetoric.* Logan, UT: Utah University Press.

Mills, Sara. 1997. *Discourse*. London and New York: Routledge.

Ogg, Erica. 2013. Apple Loves China, but Its Government is not Returning Those Feelings. *The Washington Post*, March 26.

刘亚猛，2004，《追求象征的力量——关于西方修辞思想的思考》，北京：三联书店。

刘亚猛，2004，跨文化"交流失迷"及其因应之道，《福建师范大学学报（哲社版）》，第 2 期，85-89 页。

刘亚猛，2008，《西方修辞学史》，北京：外语教学与研究出版社。

毛履鸣，2014，美籍华人修辞的形成——解读中式签语饼，汪建峰译，《当代修辞学》，第 1 期，26-40 页。

"Ethos" and "Institutional Image" in Intercultural Discursive Field

Wang Jianfeng, Fujian Normal University

Abstract: The recent controversy over Apple's "After-sale Service" can be regarded as a typical intercultural "discourse event." The rhetorical strategies of both sides that were adopted in this specific controversy were subjected to a critical examination in light of Foucaultian Theory of Discourse and from a rhetorical perspective, out of which two important discoveries are made: Apple's crisis rhetoric has turned out to be a total failure, in the sense that it not only has not achieved the desired effect, but has incurred some counterproductive reactions, by projecting an inappropriate ethos for that matter, whereas on the other side of the interlocutors, Chinese dominant media has since the very beginning committed institutional mistakes, by resorting to argumentum ad baculum and political language, and by projecting an "institutional image" that easily ignites misunderstandings, all of which play right into the hands of Western media's accusation that China has intentionally "politicized" the controversy. A lack of audience consciousness and rhetorical savvy are both involved in the causes of this discourse event.

Key words: Apple's "After-sale Service", ethos, institutional image, discourse event

作者简介：

汪建峰，男，福建福鼎人，福建师范大学外国语学院副教授、硕士生导师。研究方向：西方修辞学、比较修辞研究、翻译理论与实践。

《话语研究论丛》第三辑
2016年
第 56-66 页
南开大学出版社

论　文

虚拟公共领域中的"引力波"话语战争*

◎ 王晶　　重庆邮电大学外国语学院

摘　要　以科学传播网站中关于"引力波"的科学传播话语为分析对象，采用语料库和话语分析相结合的方法，旨在考察虚拟公共领域中关于"引力波"的话语建构，揭示科学传播话语所反映的社会现实。研究发现，虚拟公共领域中的科学传播话语呈现出显著的多元化、去中心化特质，是不同话语主体斗争的产物，折射出复杂的权力利益关系，并影响着公众对科学的接受和认识。

关键词　虚拟公共领域；引力波；话语；科学传播

一、引言

2016 猴年的春节，艰涩难懂的理论物理学没有预兆地高调了一把："引力波"在朋友圈刷屏，微博、微信公众号、网站、传统纸媒都在以各种形式推送着这一重大科学发现，一夜之间，似乎只要被这"时空涟漪"波及，人人都成了忠实的科学迷。这一盛况与互联网和社交媒体的高速发展不无关系。2015 中国互联网发展报告[1]显示，截至 2015 年 12 月，我国网民规模达 6.88 亿，互联网普及率为 50.3%；社交媒体用户达 6.59 亿，超过美国和欧洲的总和。互联网上充斥着关于引力波的推送和讨论，这其中有科学共同体对"引力波"的科学普及介绍，有民众和媒体关于"民科"群体的争论，也有学者对这一事件提出警醒，并倡导"反科学主义"的观点。不同的话语在虚拟的公共领域汇集、碰撞，为引力波这一科学知识的建构和传播角力，而这一科学话语争夺的背后则隐藏着

---

* 通讯作者：王晶
　联系地址：重庆市（400065）南岸区崇文路 2 号，重庆邮电大学外国语学院
　电子邮件：littlebear12680@sina.com
　基金项目：本文系重庆邮电大学社会科学基金项目"广告翻译中的谜米研究"（项目编号 K2007-40）的阶段性成果。

复杂的权力和利益关系，正如福柯（Foucault）所说，每一种权力关系都构成一个相应的知识领域，同时，任何知识都预设并构成相应的权力关系。（Foucault，1977：27）本文聚焦虚拟公共领域中"引力波"这一科学传播爆点事件，收集网络中与之相关的文本，按照内容分为四类，建立语料库并使用 Antconc 对文本进行词频统计、索引行分析、搭配分析以及语义韵研究，一方面试图勾勒科学概念"引力波"在虚拟公共领域中的建构路径，探究在互联网的科学话语争夺中脱颖而出的策略，另一方面解构纷繁复杂的"引力波"话语所藏匿的机构语境与社团语境。

二、科学、话语与传播的关系

人们普遍认为区分科学与非科学是简单的事情，因为科学是清晰而精确的方法所获得的结果。然而世界上并没有唯一的科学方法和唯一的标准能够说明什么是科学或者非科学。波普尔（Popper，2005）认为科学不同于真理，其根本特征是其可证伪性，卢恩斯坦（Lewenstein，2013）则把科学知识的基本特征归为其"可靠性"和"公共性"，因为只有当知识能通过公共并成为社会的程序，才能变成可靠的知识。从这个意义上来说，传播成为了科学的"本质"，针对不同对象的每一种讲述方式都是对可靠知识的不同表达，知识阐述随语境而异。在不同媒介的科学传播的过程中，话语描写了知识，反映了传播者的观点和立场，参与了知识的传递和普及，并在无形中完成了科学知识在公众中的建构。话语、科学与传播这三个因素在科学的普及过程中相辅相成，缺一不可，可以被看成"三位一体"的关系。

学界曾经简单地将科学传播话语进行二元对立的划分，认为科学共同体内部的学术交流和科学界与受众之间的交流使用截然不同的话语体系。然而随着公众理解科学运动的兴起与发展，人们逐渐意识到，"科学界内的学术讨论与科学界外对科学问题的讨论之间并没有像这些术语意指的那样泾渭分明"（李大光，2016）。尤其是新媒体技术的崛起，使得科学知识的建构和传播，也从自上而下的科学说教转换为上下交流的科学传播，我国的科学传播模式也经历了一个从政府推动到民间自主参与，从传统媒介渠道到新媒体传播，从以科学工作者为科普主体到网络科普草根兴起的逐步演化历程。当下科学话语在微博、微信、客户端、微视频等移动新媒介的平台上传播，话语的主体专家、学者、各界人士乃至草根评论员等个体加入对信息的传播和解读，使得科学传播话语呈现出多元化、碎片化、去中心化的特质。

三、虚拟公共领域的概念及形成

公共领域（public sphere）这一概念起源于古希腊雅典时期的城市精神，有诸多学者探讨过这一命题（Schumpeter，1918；Dewey，1923；Brunner，1943；Aerndt，1958）。阿伦特（Aerndt）把公共领域视为观点的竞技场，强调话语在公共领域的重要作用，认为"由于公共领域的出现，世界被转变成了一个将人们聚集在一起、并将他们相互联系在一起的事物共同体"（汪辉，2005：85）。哈贝马斯（Habermas）作为公共领域研究中最有影响力的学者，继承了这一观点，将公共领域描述为"一个关于内容、观点、也就是意见的交往网络。在那里，交往之流被以一种特定方式加以过滤和综合，从而成为根据特定议题集束而成的公共意见或舆论"（Habermas，2003：445）。可见，公共领域是介于国家和社会之间由人们自由参与及思想、观点碰撞而形成公众舆论的领域，具有开放性、交互性及自由精神的本质特征。根据前贤的观点，公共领域可被定义为，向全体公众开放的介于国家与市民之间的既超越于私人领域又不同于公权力领域的社会时空，是社会公众自主交往和自由交流的平台，是社会公众利益诉求、社会心声、集体共识形成、汇集和表达的基本场域。值得注意的是，哈贝马斯对近现代大众传媒的功能持悲观态度，认为19世纪中后期以来，传媒日趋商业化，受到政治经济的干预也越来越大，近现代大众传媒作为公共领域的功能退化。但许多学者并不认同这一点，认为他夸大了公共领域在20世纪的退化。卡霍恩（Cahhoun，1992：33）就指出，公众在大众传媒中的地位也不一定像《公共领域的结构转型》一书中所指称的那么消极，就可选择的民主性媒介战略而言，也许其空间比哈氏所意识到的要大。

　　随着现代信息技术的广泛应用，人们在虚拟时空中进行情感沟通、信息交流和观点表达的机会越来越多。据第三方消息推送技术服务商"个推"基于6.5亿日活跃用户提供的数据显示：2016年春节期间，平均每个用户每天花在手机上的时间是3.91个小时，"指尖社交"由于其便捷性、即时性和多维互动性成为更受公众青睐的社交方式。在赛博空间的社交中，公众彼此结成各种社会关系，形成全新的互动场域，这个场域的部分时空就构成了特定的社会交往领域，即虚拟公共领域。徐世甫（2006）认为，在虚拟时空中，"每个人都被数字化为一个个漂浮的能指，简化为一个个语符的形式，然后各自凭着语符所负载的所指，进行着文本语言的生产，进行着彼此之间的互动"。而"当足够多的人在网络上就大量公共话题全身心地进行足够长时间的交流，以至在网络上形成了人与人之间不可分割的关系的时候"（Howard，1993：5），虚拟公共领域就形成了。虽然虚拟公共领域和哈贝马斯所论述的公共领域在内涵上有一定差异，但依然具备了开放性、交互性及自由的本质特征。可以说，虚拟公共领域是传统公共领域在后现代社会的延续、发展和嬗变。

　　虚拟公共领域兼具真实性和虚拟性的双重特征，极大地改变着人类社会生活方式、交往方式与话语模式。网络中的科学传播平台可被视为虚拟公共领域的一个类别，它丰富了科学传播的主体、渠道和内容，也由于独特的语境和传播媒介，形成了特殊的话语模式和话语特征。本研究将基于网络上关于"引力波"的科学传播文本，采用语料库和话语研究相结合的方法，来考察在虚拟公共领域中科学知识的话语建构模式，以及其所折射的社会现实。

四、语料

成立于 2010 年的果壳网是一个开放、多元的泛科技兴趣社区，其创始人姬十三也是中国最有影响力的民间科普组织"科学松鼠会"的创始人。果壳网由专业科技团队负责编辑，保证了其科学传播文本的权威性和准确率，同时强调"科技有意思"，在科学文本的生产中注入趣味性，因此在网络科普领域拥有较高的行业评价和较大的影响力，目前在新浪官方微博拥有近六百万粉丝。在现有的三大板块科学人、小组和问答中，科学人是果壳网旗下的原创内容团队，其成员基本都是科学共同体内部的专业人员，所创作的科普作品是果壳网的核心内容；而小组和问答则是两个与普通受众互动更为紧密的板块，在这两个板块中用户可以加入自己感兴趣的小组，并自由发帖，以提问、回答、评论或推荐的形式与其他用户互动。在这样的架构之下运行的果壳网，充分满足了虚拟公共领域的必要条件，在赛博空间中搭建起一个向全体公众开放、以兴趣聚集并以科学知识为核心进行自由交流和沟通的场域。

本研究从果壳网这一虚拟科学公共领域上收集含有引力波的文本，建成"引力波科学传播语料库"。年初的引力波热潮由加州理工学院干涉引力波天文台（LIGO）2 月 11日宣布首次直接探测到引力波的存在为起点，因此本研究在果壳网上以"引力波"为主题词搜索从 2016 年 2 月 10 日至 3 月 30 日之间的文本，其中总字符数低于 100 的帖子/提问/回答不计入内，共收集到文本 22 篇。以下对收集到的文本情况做简单的梳理。

22 篇文本当中 19 篇发布于 2 月份，3 月仅有 3 篇，这符合网络传播和新闻的即时性特征，即一个热门话题能在短时期内迅速膨胀并获取大量点击率，但通常持续时间不长。22 篇文本中 14 篇来自科学人板块，8 篇来自小组板块；16 篇文本中包含图像（从 1幅到 10 幅不等），在不包含图像的文本中，有 5 篇来自小组板块，仅有 1 篇来自科学人板块。可见对引力波的探讨中科学共同体的兴致略高于普通公众，且网络科普文本更倾向于多模态的话语模式。

五、语料分析

所收集的 22 篇文本经过文本清洁后，仅保存了正文的文字部分，去除了图片和非正文的内容（作者、发布时间、标签、图片介绍及来源、编辑、编译来源等信息），"引力波科学传播语料库"共计 58809 个字符。使用汉语自动分词程序 Segmenter 对每一个文本进行分词，其后人工对分词结果不理想的部分进行修正，经统计，本语料库的形符为 29685，类符为 5857，类形符比为 19.7。

5.1 文本内容分类及词频分析

通过对 22 个文本的阅读分析，可以发现这些文本的内容大致围绕四个方面展开，分别是对引力波的介绍、对引力波热点现象的反思、为民科抱屈以及对民科的驳斥。将文本按照这四个内容进行分类，使用 Antconc 对每一个类别分别进行词频统计，在生成的词表中去除功能词之后，各类别前 20 位的高频词如下（见表 1）：

表 1 "引力波"文本内容分类

类别	文本个数	来源	高频词
（一） 介绍引力波	13	科学人（10）、小组（3）	引力波、宇宙、我们、探测、黑洞、观测、LIGO、质量、信号、激光、科学家、干涉、科学、发现、时空、脉冲星、事件、时间、地球、中国
（二） 对热点现象的反思	2	科学人（2）	科学、引力波、宗教、我们、爱因斯坦、发现、宇宙、文化、女性、科学家、中国、领域、为什么、传播、影响、新闻、神学、大众、思想、男性
（三） 为民科抱屈	4	小组（4）	他、引力波、人、我们、物质、理论、黑洞、相对论、科学、郭英森、科学家、说、发现、质量、问题、你、变化、存在、我、物理
（四） 对民科的驳斥	3	科学人（2）、小组（1）	科学、我、他、科学家、你们、引力波、科研、他们、民科、我们、自己的、学术、民间、爱因斯坦、研究、诺贝尔哥、郭英森、媒体、领域、妄人

词频统计是语料库分析中最简单直接的观察文本的方式。通过以上四组高频词汇的比较，可以发现有三个词共现在了四组之中，分别是："引力波""我们"和"科学家"。这说明所有的文本都是围绕着引力波、作者/受众（"我们"可以指文本作者，也可以包含读者）、科学家来展开的话语。

然而各组的高频词汇差异明显。第一组的科学专有词汇最多，达到了 14 个，出现的四个动词（探测、观测、干涉、发现）都与引力波的科学研究相关，本组的 13 个文本中有 10 个来自科学人板块，另三个作者中有一个是科学松鼠会成员，一个文本则注明转引自科学网，只有一个文本来自非专业科学人员的原创。果壳网总编徐来就说过，"科学传播是以科学作为一个核心对象的，在这个工作当中，科学、准确是必须的，尊重科学共同体的主流意见，这是我们的底线"。[2]这样的高频词体现了该组文本的科学权威性和科学传播的明确目的。只有两个词似乎与"引力波"的科学普及本身关系不大："事件"和"中国"。

第二组除了科学词汇，还出现了诸多与人文社科类相关的词，值得引起我们的注意：宗教、文化、女性、领域、为什么、新闻、神学、大众、思想、男性。此外"中国"一词也在第二组出现。

第三组和第四组中人称指示代词密集出现：他、我们、你、我、你们、他们。再加上"说"这一言语过程的动词，给人一种口语化的、交互话轮的感觉。此外，"郭英森""诺贝尔哥""民科"，甚至带有明显贬义倾向的"妄人"也出现在高频词之列。

高频词能帮助我们大体了解这四类科学传播文本的关注点和话语建构，但词汇所能反映的是点状的信息，并不全面，要更深入地解读"引力波"的科学传播话语，就必须进一步考察高频词的检索行、搭配及其语义韵。

5.2 检索行、搭配和语义韵分析

以下利用 Concordance 检索行的功能对每组特别的高频词进行检索，来观察该问讯词的上下文信息，即与之左右共现的语言形式。这一索引功能能帮助解释文本作者的意图或态度，给研究者带来高频词表中不易察觉的低频词汇，这些低频词汇有时给研究人员带来意想不到的线索（钱毓芳，2010a，2010b）。而语义韵的研究使得我们能"把语言形式上的搭配与语义联系起来"，进一步证实了"许多情况下真正的意义并不通过孤立的词来表达，而是通过词语的搭配来表达"（梁茂成，et al，2010：16-17）。

首先观察"事件"的索引行，可以发现基本都指向引力波这一科学发现事件，通过 Collocate 功能，得出与"事件"搭配强度最高的名词为"引力波""伽玛暴""黑洞""并合"，这都是天文专业术语；而与"事件"搭配度最高的形容词则是"真实""重大"，以上两个形容词的索引行（见表 2）充分表明了传媒和大众对于"引力波"的主流态度是积极和正面的。而"中国"的索引行之中除了"科学家""科学院""地震局"等单位或个体之外，"天琴""太极"的共现频率也较高。

表 2 "真实""重大"的部分索引行

确信 GW150914 是一个	真实	的天文事件
确定引力波是	真实	存在的物理效应以后
而是宇宙空间中	真实	存在的物理场景
这个	重大	的发现意味着令人振奋的天文学新时代的到来
物理学史上里程碑式的	重大	成就
取得科学上的	重大	突破

　　第二组中同样通过 Collocate 功能观察"引力波"的高频搭配词汇，可以发现表 1 中列出的 20 个词汇中，除了科学词汇和"为什么"，其余的"宗教""文化""女性""领域""新闻""神学""大众""思想""男性"都不在列。也就是说，这些词与"引力波"的直接关系不大。接下来观察"为什么"的索引行（见表 3），能显示出文本对于引力波事件的思考与探询。从这些问题中，可以看到作者从文化、宗教、传播的视角来对引力波引发的热潮进行解读，这也解释了本组中人文社科词汇高频出现的原因。而"女性""男性"的高频词与性别相关，通过观察这两个词的索引行，与"女性"共现的词多为负面意义，如"不适合""失语""偏见"等；与"男性"共现的则是"主导""导向""典型……意向"等词。两种性别在文本描述中的差异明显。

表 3 "为什么"的索引行

	为什么	你也在刷"引力波"？
我们依旧需要解答这些问题：	为什么	引力波的影响可以从物理学、天文学扩大到整个科学界
主动编写科学文章？	为什么	普罗大众会乐于传播引力波的新闻与段子
	为什么	宗教人士会对引力波科学如此感兴趣？
不一定非要以成熟的物理学为榜样进行改造。	为什么	所有人都在转发引力波？
比如	为什么	重大科学发现中很少出现中国科学家的影子
不应该只询问	为什么	宗教要迫害科学

　　最后我们将第三组和第四组合并起来用搭配网络的方式来观察围绕"郭英森""诺贝尔哥""民科"的话语场域。在引力波事件的文本中，以上这三个词实际指向同一个人，因此分别考察这三个词的高频搭配词，并将 Antconc 生成的三份高频搭配词表进行比较，参照 Baker（2006）的选词方法，选取同时在两份或三份高频搭配词表中出现的前 10 位的词，来绘制搭配网络（见图 1）。

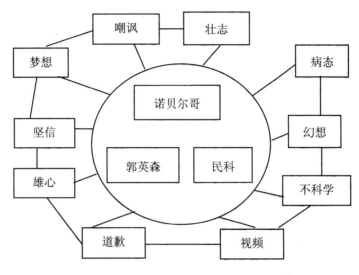

图1 "郭英森""诺贝尔哥""民科"的搭配

互信息值（MI）统计能帮助辨析那些与观察词汇搭配强度高的词汇，这些搭配词在语料库中可能是不易被发现的低频词汇，通过节点词搭配网络的描绘，能帮助我们全方位地观察语言的文本语境以及话语之间的相互关系。从图1中可以看出，除了"视频"一词为中性，其余的词都有一定的语义倾向，且以"视频"为分界点朝两个方向发展出不同的语义链。一类词显示出对以郭英森为代表的民科的批判，认为他（他们）是"不科学"的，甚至是"病态"和"幻想"；而另一类具有积极内涵的词则表现出对民科的赞誉和同情，还认为传媒和科学界应该向郭英森"道歉"，第二类词在图1的搭配网络中占了多数。使用Antconc的File View功能查找以上10个词的文本来源，发现第一类词的文本基本来自科学人板块，而第二类词大部分来自小组板块。也就是说，第一类词代表了科学共同体的观点，而第二类词则更折射出普通大众的态度和话语。

六、讨论

对语料库中四组文本高频词汇的分析可以看出，各组的高频词汇差异较大，这充分显示出网络文本的多元化特质。即使是在较为专业的科学虚拟公共社区，关于同一个科学话题下的传播文本，也呈现出迥异的关注点与走向。第一组文本关注科学的普及，第二组关注科学与社会的关系，第三组和第四组则把焦点置于民科与官科之争上。

使用索引行功能检索每组的高频词汇，可以发现更为隐匿的信息。第一组中与"中国"一词频繁共现的"天琴""太极"，正是中国真正推进的引力波研究项目。与这两个项目相关的新闻报道显示，"太极计划"2008年由中国科学院开始发起，中科院多个研究所及院外高校科研单位共同参与，已被列入中国科学院制订的空间 2050 年规划，预计届时中国将成为国际上空间引力波研究最重要基地之一。而中国引力波探测工程"天琴计划"于 2015 年 7 月份正式启动，是中山大学发起的一个科研计划，计划用 20 年时间完成，总投资约为 150 亿元。2016 年 3 月，"天琴计划"在中山大学珠海校区启动基础设施工程建设奠基仪式。可见，在科普引力波的同时，也在向公众介绍中国的科学界正在进行的相关科学项目及研究。基础科学研究需要政府投入大量的经费支持，中山大学天文与空间科学研究院院长李淼就曾表示，引力波的发现，会进一步刺激各国的研究进度，世界各地的引力波研究计划将很快推进，中国本土研究的进程也会加快。[3] 可见从科学共同体的角度而言，撰写科普引力波的文本，强调引力波在基础科研中的重要性和紧迫性，对中国的基础科研发展和项目经费申请都有所裨益。

对高频搭配词汇的观察同样有助于揭开话语的神秘面纱。因为词语像人一样聚群，在语言运用的横向序列中，一些词总是与其他词共同使用，具有很高的共现频率。例如第二组的 20 个高频词汇中，只有科学词汇和"为什么"与"引力波"一词呈现出高频搭配的关系，这说明作者对引力波事件充满了反思和质疑，提出若干"为什么"来寻求答案。而其他散布的高频词汇并不与"引力波"等科学词语聚群，反而与人文社科有关，呈现出强烈的去中心化特质。对男女性别的差异性描写也反映出作者对性别问题的人文关怀。果壳网显示这两个文本的作者背景都与科技哲学、科学史相关，因此更多地从人文的角度来阐释"引力波"也在情理之中。

第三组和第四组的搭配网络则全方位地呈现了对于民科的两种近乎对立的态度以及科学共同体不容乐观的话语环境。虽然科学共同体和果壳网的内容编辑积极地普及引力波的相关知识，但遗憾的是，普通大众对引力波的认识仍然有限，对民科怀有同情弱者的立场。腾讯网于 2 月 21 日推出"引力波"的专题，重点解析科学与民科的区别，说明郭英森缺乏系统的理论知识及其言论的荒谬性。但是在逻辑周密、观点清晰的专题最后所进行的网络投票调查显示，仍有 59642 名网友认为民科能产生重大科研成果，占到了投票人数的 65%。[4] 这一数据充分证明了《全民科学素质行动计划纲要（2006-2010-2020 年）》中"我国公民科学素质水平不高"的论断。

七、结语

对果壳网这一虚拟公共领域中关于"引力波"的科学传播文本的分析显示，在该语境中的话语呈现出显著的多元化、去中心化特质，反映和折射了不同人群的利益诉求和观点，体现了"语言是社会意义建构和斗争的场所"（Baxter，2003：6），也证实了"话语是一种社会实践形式"（田海龙，2009）。科学共同体希望通过科普引力波来获取更大的科研财政支持，为基础科研正名；人文社科背景的学者开始对这一热点事件进行反思，体现出对社会的人文关怀和"有机知识分子"的社会责任感；而普通大众则对社会弱势群体展现着盲目的同情。在赛博空间中的科学传播远比纸媒、电媒时代更加复杂和艰巨。这是因为在资讯资本主义时代，每个人都在互联网广场上获得了叫喊的权力，但这种所谓的网络言论自由反而限定了人的机遇，这被称为"广场效应"：个人的声音被四周无数民众的叫喊所吞没。其不被关注和其自由是成正比的。互联网广场的无限契机，给予了每个人言论的自由，也让人深陷信息的海洋，增加其选择和判断的难度。科学共同体如何在话语的喧嚣中发出振聋发聩的声音，在虚拟公共领域中引导科学知识的正确建构，是一个值得深思的问题。

注释：

① http://www.useit.com.cn/thread-11368-1-1.html，访问日期 2016 年 7 月 9 日

② http://www.guokr.com/post/728520/，访问日期 2016 年 6 月 7 日

③ http://news2.sysu.edu.cn/news03/145660.htm，访问日期 2016 年 6 月 28 日

④ http://view.news.qq.com/original/intouchtoday/n3442.html，访问日期 2016 年 7 月 7 日

参考文献：

Baker, P. 2006. *Using Corpora in Discourse Analysis*. London: Continuum.

Baxter, J. 2003. *Positioning Gender in Discourse: A Feminist Methodology*. New York: Palgrave.

Foucault, M. 1977. *Discipline and Punish: The Birth of the Prison*. Harmondsworth: Penguin.

Garnham, N. 1992. The Media and the Public Sphere. In Craig Calhoun (ed.). *Habermas and the Public Sphere*. Massachusetts: The MIT Press.

Lewenstein, B. V. 2013. Natural Science Meets Social Science: The NRC's 2009 Report on Learning Science in Informal Environments. In Simon Locke & Lorraine Allibone (eds.). *Knowledges and Publics: Beyond Deficit, Engagement & Transfer*. Newcastle on Tyne: Cambridge Scholars Publishing, 35-49.

Rheingold, H. 1993. *The Virtual Community: Homesteading on the Electronic Frontier*. New Jersey: Addison Wesley.

波普尔，2005，《猜想与反驳：科学知识的增长》，傅季重译，上海：上海译文出版社。

哈贝马斯，1999，《公共领域的结构转型》，曹卫东等译，上海：学林出版社。

哈贝马斯，2003，《在事实与规范之间——关于法律和民主法治国的商谈理论》，上海：
　　生活·读书·新知三联书店。

梁茂成、李文中、许家金，2010，《语料库应用教程》，北京：外语教学与研究出版社。

李大光，2016，《科学传播简史》，北京：中国科学技术出版社。

钱毓芳，2010a，媒介话语研究的新视野：一种基于语料库的批判话语分析，《广西大学
　　学报》，第 3 期，80-84 页。

钱毓芳，2010b，语料库与批判话语分析，《外语教学与研究》，第 3 期，198-202 页。

田海龙，2009，《语篇研究：范畴、视角、方法》，上海：上海外语教育出版社。

汪辉、陈燕谷主编，2005，《文化与公共性》，上海：生活·读书·新知三联书店。

徐世甫，2006，主体技术·拟象·公共领域——论虚拟社区，《南京社会科学》，第 5 期，
　　98-110 页。

The Discourse War of "Gravitational Wave" in Virtual Public Sphere

Wang Jing, Chongqing University of Posts and Telecommunications

Abstract: This study is based on the discourses of "gravitational wave" on the science communication website. In order to observe the discursive construction of "gravitational wave" in virtual public sphere and explore the social reality reflected by the science communication discourses, the methods of corpus and discourse analysis are adopted. It is found that science communication discourses are diversified and decentralized, which refracts complicated relations between power and interests, and strongly influences the public acceptance and understanding of science.

Key words: virtual public sphere, gravitational wave, discourse, science communication

作者简介：

王晶，女，土家族，重庆邮电大学外国语学院讲师，中山大学外国语言文学方向博士生。研究方向：批评话语分析、文化研究。

《话语研究论丛》第三辑
2016 年
第 67-81 页
南开大学出版社

术语翻译中的约定俗成与动态商榷

——以中文版《话语与社会变迁》为例[*]

◎ 朱蕾　　天津商业大学外国语学院；天津外国语大学中央文献翻译研究基地

摘　要　基于学术翻译的"语境原则""硬译原则""统一原则"和"可读原则"，研读中文版《话语与社会变迁》，发现学术翻译之难，在一定程度上与术语翻译在约定俗成和动态商榷之间的度难以把握有关。结合具体术语的翻译讨论术语翻译中约定俗成和动态商榷的辩证关系，对提高学术翻译的质量具有启发意义。

关键词　话语研究；术语翻译；语境原则；约定俗成；动态商榷

1. 引言

人类的翻译活动，根据翻译目的，可以大致分为以传达意义、实现交流为主的交际翻译，以传播文化信息为主的文化翻译，以介绍应用信息为主的语用翻译（应用翻译、实用翻译、科技翻译），以欣赏为主要目的的文学翻译和以研究为目的的学术翻译等几个大类（周领顺，2008）。本文所要探讨的学术翻译，是译者和读者以借鉴知识或科学研究为目的，对学术作品的译文进行生产和消费的过程。在这方面，学术翻译还可以有广义和狭义之分。

广义的学术翻译，是有关任何学科之思想、概念、学问知识的翻译，不分自然科学抑或人文社科。在这个意义上，就全人类而言，学术翻译推动了人类历史发展，如日耳

---

[*] 通讯作者：朱蕾
联系地址：天津市（300134）北辰区光荣道 409 号，天津商业大学外国语学院
电子邮件：sylvia_zhulei@126.com

曼人对罗马法的继承与发展，阿拉伯人对希腊文化的继承与传播，日本人对儒家文化的吸收与融合，可见学术翻译促进了人类知识体系的建构与传承。学术翻译也促成了中华学术与世界学术的交流与碰撞，中国历史上也曾出现三次学术翻译高潮：东汉到宋代的佛经翻译，使中华学术构建出儒释道互为支撑的学术传统；明末清初及清末民初的两次以科技翻译为主的翻译高潮，则将近代中国推向一个社会变革风起云涌、社会思潮交汇激荡的"新时代"；改革开放以来，西方经典学术著作翻译热潮进一步推动了中华学术的快速发展，而中国学术经典外译也丰富了世界文化宝库。

与广义的学术翻译相对，狭义的学术翻译并不包括自然科学的学术翻译。就我国的学术翻译而言，凡可论及的学术翻译几乎都出自哲学领域，如贺麟之译黑格尔、邓晓芒之译康德、倪康梁之译胡塞尔、张国清之译罗蒂、孙周兴之译海德格尔，等等。对此，孙周兴（2013）曾评论道："古有佛经翻译，近有科技翻译，但都还不是今天意义上的'学术翻译'，即西方人文社会科学的翻译。"与此观点类似，周领顺（2008）在为借鉴式学术翻译举例时，也举的是西方哲学著作的汉译和引进，以及西方语言学著作的汉译等，并没有举自然科学学术翻译的例子。陈生梅（2011）在综述中国学术翻译1991年至2010年间研究状况时，所分析的中国学术翻译研究的相关论文，也仅涉及人文社科领域。狭义的学术翻译将人文社科领域的学术翻译凸显出来，一方面是因为自然科学主要以自然现象为研究对象，相关词汇意义明确，几乎不存在模糊或歧义，因而翻译也几乎不存在太大的争议性；另一方面也是因为人文社科理论受社会文化语境的制约，概念的内涵和外延因语境而异，因而其翻译更具挑战性、不确定性和商榷性。本文对学术翻译的讨论便是在狭义学术翻译方面，即把西方人文社科领域学术成果译成汉语的翻译成果。

2. 选择研究对象的依据

为了对问题的讨论更具体，本文将讨论集中在《话语与社会变迁》这部学术著作的汉译本上面。主要基于以下两点考虑：

1）狭义的学术翻译是一种研究型翻译

学术著作的翻译与其他翻译文本相比，一个明显的特点就是其学术性，因而学术翻译也是"研究型翻译"。根据孙秋云、黄健（2014）的观点，学术翻译是一个再研究的过程，翻译某个学者的著作就相当于对之进行了一次深入的研究，就是对这部作品作者的全面再读，在此基础上，才能深入翻译其思想的本质。以研究的方式进入，再以翻译的方式出来，经过一进一出，翻译的作品才能符合原作者的思想本质并体现原作的魅力，同时对于翻译者来讲，也是一个最好的学术训练。同样，陈才俊（2006）也强调将学术著作的翻译与学术研究相结合。选择《话语与社会变迁》作为讨论术语翻译的蓝本，也是基于本文作者在从事话语研究并尝试研究型翻译，因而关于学术翻译有了一些思考。

2）跨学科研究中术语翻译的重要性

学术术语是任何学术文本区别于大众通俗文本或实用信息文本的重要标志之一。术语问题在不涉及翻译的单一语言语境下，本身就是比较复杂的问题。比如有些学者认为，术语混乱是人文学科的共性，其跨学科性质加剧了这种混乱，目前没有什么根本解决办法（Marco，2007：262；Chesterman，2012：88），这种看法对术语研究缺乏建设性，但同时也说明了问题的复杂性和难度。另一些学者（Snell-Hornby，2007：322；Vaerenbergh，2007：251）认为，术语无须统一，但可以规范，应该通过对学科基本概念和术语进行清晰而明确的界定，对现有多样化的术语进行系统化的优化和整合，这种看法是目前学术界的主流。在此基础上，再加上学术翻译时涉及两种语言的学术语境以及当下人文社科领域跨学科特点的日益凸显，术语翻译更为复杂，值得认真研究。

陈生梅（2011）把国内1991年至2010年20年间的52篇学术翻译研究成果主要分为以下四种类型：针对学术翻译质量问题的思辨性论文（10篇以下）；一门学科或领域内的学术翻译原则及规范研究（12篇）；术语的翻译问题（20篇以上）；以及从宏观出发，探讨学术翻译的历史、现状、形态嬗变、面临的困境及对于整个社会科学发展的重要性等方面的论文（10篇以下）。可见术语的翻译问题在所有类别中所占比例最高。

近五年国内关于学术翻译的研究呈上升态势。笔者在CNKI分别以"学术翻译"和"术语翻译"为关键词搜索，发现在数量上，国内近五年的相关期刊论文相当于前20年的总和，分别是12：10和628：635[1]；而在研究类型上，高水平的研究成果主要集中在上述四种类型的后两种，尤其是术语翻译的研究，涉及的语种类型更多，学科范围更广，方法视角更为多样化。如王祥兵、穆雷（2013）认为"学术价值+研究积累+打磨精品+立法保障"是具有普适意义的学术著作翻译理想模式；余静（2016）以翻译策略研究术语为例，提出用"术语关联"来应对人文社科研究中术语本土化、国际化、概念界定、术语创新过程中的各种术语问题，认为术语规范应在保护跨学科多元化的基础上，遵循"厘清概念，建立关联，谨慎创新"的原则；许瑾、杨秀文（2012）虽然研究的是中国高级英语学习者在中医药学术著作英译本中高频动词的类型和使用特点，属于中译外的研究，但所使用的语料库方法值得参考和借鉴。

然而，目前对于话语研究这门跨学科性很强的学科，专门探讨其学术翻译的已有研究成果并不多，笔者只在相关文献中看到刘英（2014）以语言学专著*An Introduction to Functional Grammar*及其汉译本《功能语法导论》为例，提出了一些句法层面的汉译策略。在此背景下，本文将选取话语研究领域里的一篇知名学术专著，重点考察其术语翻译，主张术语翻译应依照"语境原则"，实现约定俗成与动态商榷的辩证统一。

3. 翻译文本的选择和学术翻译的基本要求

严谨或成功的学术著作翻译，译前对翻译文本精挑细选很重要。学术翻译的译者在真正着手译事之前，首先是对翻译文本价值的认定与取舍，即对翻译文本的选择，这是衡量译者学术修养与审美情趣的重要标尺。判断学术著作价值的重要标准之一，是看其为社会传递了多少新的有用信息、知识与思想。有学术价值的著作往往在某种程度上反映时代脉搏和学术需求，能产生一定深度和广度影响，且对他人的研究有积极启发意义。

本文所考察的学术专著，作者诺曼·费尔克劳（Norman Fairclough）是当代英国颇有世界影响力的语言学家，他继承了福勒（Fowler）等学者开创的批评话语分析范式并成为领军人物，并率先提出了著名的"文本——话语实践——社会实践"三维分析框架，被中西话语研究者广泛引用并应用于各自的研究。正是在《话语与社会变迁》这部专著中，费尔克劳批判性借鉴了前人之话语分析诸方法以及福柯的话语理论，系统论证了该三维分析框架，并结合丰富的语料进行话语分析，甚至详细列出了话语分析的诸多切入点，以供他人参考应用。该书自1992年由英国权威学术著作出版机构Polity Press出版以来，引起语言学界和社会学界的广泛关注，截至此书中文版面世的2002年，十年间已先后再版或重印七次，足见该书在学术界的影响力。因为该著作的问世提供了从话语角度考察社会变化的新视角，开辟了一个话语研究的新路径，所以该书译者于2003年选择翻译出版这部学术专著无疑是成功的，反映了译者作为关注话语与社会互动关系的新闻传播学学者，具备很好的跨学科意识和学术敏感度。

笔者所理解的作为"研究型翻译"的学术翻译，包括翻译过程的善始善终，翻译态度的一丝不苟，以及对学术翻译规范和原则的遵循。就翻译过程而言，译前要对翻译文本精挑细选，译中采取一丝不苟的研究型态度进行翻译，不仅翻译原作正文，还要对学术专著特有的"索引"和"参考文献"进行认真翻译或合理沿用，对翻译副文本（paratext）如"译者序""译后记"等进行撰写，以及译后的反复校对等。

4. 学术翻译的原则

关于学术翻译的原则，孙周兴（2013）曾提出"语境原则""硬译原则""统一原则"和"可读原则"。在学术术语翻译中，"语境原则"应用得较广，这将在讨论"约定俗成与动态商榷的辩证统一"时详述。在此之前，简要讨论其他三个原则。

就学术翻译而言，所谓"硬译原则"，就是通常意义上的"直译原则"，重点在于忠实于原著的学术语体（register）和语言风格（style）。孙周兴（2013：71）指出："若是文学作品，或者普及读物，是需要让大众喜闻乐见的东西，或者是旨在娱乐群众的东西，我以为以'软'译为妙，否则就难以达到大众'教化'或者'消遣'的目标。但对于哲学－思想学术类的作品，我是坚持'硬'译的（这方面我仍旧同意鲁迅先生的主张）。哲学－思想类的译文就要'蓄意地'做得'硬邦邦'的，让一般的人们看不懂——因为原著本身就不是一般人所能接近的。若是把学术作品也译得喜闻乐见——一般说来这也是不可能的，则学术翻译的意义已经丧失了大半。"

例如，《话语与社会变迁》中有一处（1992：44）引用了福柯《知识考古学》中的一段话，应该能让我们体会到这种"硬邦邦"的学术语体和语言风格。

If, in clinical discourse, the doctor is in turn the sovereign direct questioner, the observing eye, the touching finger, the organ that deciphers signs, the point at which previously formulated descriptions are integrated, the laboratory technician, it is because a whole group of relations is involved … between a number of distinct elements, some of which concerned the status of doctors, others the institutional and technical site (hospital, laboratory, private practice, etc.) from which they spoke, others their position as subjects perceiving, observing, describing, teaching, etc. (Foucault，1972：53)

其译文也应该是"硬邦邦"的（殷晓蓉，2003：42）：

在诊所话语中，如果医生依次为最高的直接发问者、观察的眼睛、触及的手指、破译符号的器官、对从前的描述进行综合的中心、实验室技术人员，那是因为一系列不同要素之间的一个关系整体都被涉及到了……有些要素与医生的地位有关，有些要素与医生的讲话所在机构的、技术场所的性质有关（医院、实验室、私人开业处等），还有一些要素与医生之作为主体进行认识、观察、描绘和讲授等等行为的位置有关。（福柯，1972：53）

所谓"统一原则"，主要指的是"译名一贯性和统一性原则"，这在一部著作中或者一个学科内也许是成立的，但在当下学术界视野更开阔的跨学科研究背景下，未必应强求译名的绝对一贯性和统一性。相反，译名在约定俗成与动态商榷之间形成一种辩证统一，将是一种现实的选择。这一点将在后文详细论述。

所谓"可读原则"，是指译文的通达可读，译者必须在学术著作"硬"的品质与译文的通达要求之间保持一定的张力，既不因后者损害前者，也不因前者而放弃后者，这就对译者的语言功底提出了很高的要求。否则就会导致不能阅读著作原文的读者弄不清楚，究竟是著者原本所写就如此晦涩，还是翻译上出了问题。

5. "语境原则"与术语翻译

这里的"语境"，意思可以分两项："一是原文的语境，就是译者要依原文上下文的'理'和'路'，把本义传达出来，这也就接近于通常所谓的译事之'信'的要求；二是母语的语境，就是译者应该充分考虑、关注、照顾母语学术的历史性处境，不可妄自僭越，在译名、表达方式的选择和改造上保持一定的分寸，一定的张力"（孙周兴，2013：70）。在此基础上理解"语境原则"，并以此为出发点讨论学术术语的翻译，我们会发现术语翻译的一种动态特征。

5.1 专有名词译名的"约定俗成"

对于学术专著中的专有名词，特别在确定译名时，必须照顾到既有的学术语境，例如要充分考虑译名基本的稳定性和连贯性，否则就会流于无度。国内学术界这方面的反例很多，导致译著要么"平均不到2页即错一处"（阎克文，2005），要么就是译者给原作者做了"恐怖的整容术"（阎克文，2006）。对专有名词通常应按照有度（即约定俗成）的原则，选用大家已经接受和熟知的译名，否则会造成混乱，让不懂外语的读者或另一学术领域的学者以为又是新的人物或新的概念了。《话语与社会变迁》汉语译本中就有这样的例子：

表1 《话语与社会变迁》中一些不规范的专有名词译名

现译文	英文	规范译法
哈利迪	Halliday	韩礼德
范迪吉克	van Dijk	范代克
巴库廷	Bahktin	巴赫金
克里斯多夫	Kristeva	克里斯蒂娃

如果只看表1最左边一栏，这部学术著作的读者恐怕很难认同这是一部自己所熟悉的关于话语研究的专著。再看中间一栏，这些耳熟能详的名字其实都有约定俗成的译法（见右边一栏）。可见，专有名词的翻译一定要符合这一特定领域中"约定俗成"的翻译，否则难免会被认为"这本书译得不专业"。

5.2 作为译入语学科的语境

"语境原则"暗示了语言的"意义潜势（meaning potential）"是复杂多样的，因而确定其具体意义必须依赖语境。费尔克劳（1990）认为一个语言形式的意义潜势往往是异质的，是多种多样相互重叠甚至有时相互矛盾的意义的复合体。这意味着，在学术翻译中，译者必须清楚自己是在何种"学科语境"中进行翻译，因此要排除某个词汇不属于该学科的其他意义，必要时查找资料，锁定正确的译法。如果不顾"学科语境"的限制而自说自话，就会失去学术翻译中至关重要的术语意识，翻译也就失去了学术的意义。

从以上讨论的"语境原则"看《话语与社会变迁》中的翻译实例（见表2），可以发现该译本中术语的翻译并未采用话语研究学科领域中一些公认的术语。

表2 《话语与社会变迁》中一些脱离语言学语境的术语翻译

现译文	英文	规范译法
背景（多处）	context	语境
声音（第167页）	voice (active versus passive)	语态（主动或是被动）
意义（多处）	signification	意指（参见能指和所指）
武断的（第128页）	arbitrary	任意性的
资料（多处）	data	语料
资料集合体	corpus	语料库
编码（多处）	code	语码
文类（多处）	genre	语体
注册（第114页）	register	语域
思路（第117页）	tenor	语旨
力量（多处）	force	语力（势）
收件者（第73页）	addressee	受话者
代理人（多处）	agent	施事者
陈述（多处）	proposition	命题
主题（多处）	theme	主位（与"述位"相对）
延续性（第55页）	diachronic	历时的
间接谈话（第96页）	indirect speech	间接引语
重复（第148页）	to reword	改述
交换结构（143页）	exchange structure	交流结构
批判的话语分析	critical discourse analysis	批评话语分析

5.3 术语翻译的可商榷性

术语翻译需要参考译入语学科中对一特定术语的约定俗成和公认程度，这并不是说不能给译者留有创造空间。相反，"语境原则"更深层次的含义，就是译者应该充分考虑和观照中西学术的历时性和共时性处境，既不可妄自僭越，又要在表达方式的选择和改造上保持"一定的分寸，一定的张力"（孙周兴，2013）。这里的"分寸"和"张力"，可以理解为在母语学术语境中，对一些意义比较复杂、译法尚无定论的术语，译者可以根据自己的学术理解对其进行改造甚至修缮。换言之，"语境原则"是一个可以松动的、相对的原则，因为语境终归是变动不居的。

一般认为，对原著的理解程度是动态的、逐渐深入而日趋正确的，对学者如此，对译者也是如此。因此，翻译成汉语时很多译法也是可以商榷的（contestable，negotiable），大可不必追求术语翻译的绝对统一。单从术语翻译来看，近几年学者们已经打破了学科的局限性，认为应该从整个中西学术话语框架的特点着手，灵活地对待术语，没有必要强求统一（姜望琪，2005，2010）。在各个学科领域的学术翻译中，都存在有争议的术语，如在文化研究领域里，葛兰西的"有机知识分子"就是一个十分流行而又总被争议的概念。围绕这一概念的翻译，产生了一系列的争论。哲学教授俞吾金（2005）指出，将organic intellectual译为"有机知识分子"不妥，organic应译为"有组织的"，这样才更符合葛兰西的原意。

正如刘亚猛（2004）也指出，当代西方不存在单一而固定的学术语境，学者们对包括关键术语定义等重大学术问题也没有达成广泛而稳定的共识，他提出要克服在单一学科框架内对术语正确译名的追求，将术语翻译置于广阔的西方学术大背景下。不仅如此，术语翻译的不确定性和可商榷性也和译者的学术思想有关。田海龙（2014：13）在探讨discourse 的译法时指出，discourse 这个术语在译成汉语时被不同的学者（译者）译成"语篇""篇章"和"话语"，在一定程度上表明译者通过自己喜好的译法来推介自己的学术思想、实现自己学术目的的因素存在其中。同时，"对于一个术语概念来讲，学者对它的认识受各自不同文化（学术）背景的影响和局限，找到一个恰如其分的术语与其相对应也是一个科学探索的过程田海龙"（2014：13）。

以这些学术观点为出发点，讨论《话语与社会变迁》这部专著中一些比较"难译"的术语，可以发现在术语意义不能简单确定、也暂无公认的约定俗成的译法时，术语的翻译具有一定的商榷空间。

① discursive formation(s)

费尔克劳所使用的discursive formation（DF）这个概念，来自福柯。如果没有读过福柯，不了解他的思想，恐怕很难做好话语研究领域的学术翻译。因为福柯对话语的研究之重要使其"在所有话语分析的流派中都会被引用、被评论，同时也会被改写、被批评"（Jorgensen & Phillips，2002：12）。关于discursive formation，福柯（Foucault，1972：38）在《知识考古学》中说："不论何时，只要我们可以在一些陈述（statements）之间描述一个离散系统，不论何时，只要我们可以在事物之间描述陈述的各种类别、各种概念以及各种主题选择，我们就可以定义一个规则（一个秩序、彼此的关系、位置和功能、转换）。简单来讲，我们这就是在做话语形成。"而在佩舍（Pecheux）看来，一个话语形成"在一个给定的意识形态形成（ideological formation）中……决定'能说什么和该说什么'"（Pecheux，1982：111）。

discursive formation在2007年版《知识考古学》汉译本和田海龙（2014：5-6）中都被译作"话语形成"，刘亚猛（2004）译为"话语态势"，而在《话语与社会变迁》中被译为"话语结构"。如果考虑福柯关于"话语形成"的论述强调了话语在客体（objects）形成、谈吐情态（enunciative modalities）形成、概念（concepts）形成和策略（strategies）形成这四种过程中的重要性，突出了陈述（statements）之间的联系对事物形成的决定作用，那么formation一词强调的是动态的"形成过程"而不是静态的"态势"或表结果的"结构"。如果将discursive formation译为"话语构成"，那么，考虑到福柯的《知识考古学》其实就是研究知识是怎样"形成"的，强调这种"形成"的历时动态性，而不是如何"构成"的，译成"话语构成"也不可取。这样，把discursive formation译为"话语形成"应该是目前最合理的译法。而《话语与社会变迁》用了整个第二章来讨论福柯的思想，并分小节介绍了上述四种话语形成过程，在书后"索引"中也单独列出了这四个条目，足见对discursive formation的正确理解对于翻译全书的重要性，因此该关键术语的翻译必须慎重，译为"话语结构"似乎不妥。

② textually-oriented discourse analysis（TODA）

费尔克劳书中之所以用了一整章的篇幅来介绍福柯的话语思想，是想说明他本人对福柯的借鉴，并试图将语言学的分析与福柯抽象的话语思想结合起来。因此，他提出textually-oriented discourse analysis（TODA）的分析模式。这个术语理解起来并不难，这里我们重点讨论如何译出这个术语的"学术气质"（academic ethos）。

对于这个术语，现译本译为"以文本为方向的话语分析"，但是，如果参考话语分析领域的类似术语，如田海龙（2014：144）总结的"批评话语分析在语言学分析层面发展出基于语料库（corpus-based）的批评话语分析、基于系统功能语言学（SFL-based）的批评话语分析以及认知语言学取向（cognitively-inclined）的批评话语分析"，这一术语译为"文本取向的话语分析"更妥，当然也可译为"基于文本的话语分析"。

至于是"取向""基于"还是"趋于"，并无本质的区别，译者大可以通过自己喜好的译法来推介自己的学术思想、展现自己的学术倾向。也许有些学者觉得"趋于文本的话语分析"这个提法更符合当下人文社科领域"趋于质的"研究趋势，用此译法来展现自己的学术气质（academic ethos）和学术群体认同（academic identification），也是可取的。

③ formulation(s)

从《话语与社会变迁》书后的"索引"也能看出，formulation这个词在书中多处出现，可见它也是该书重要的术语之一。这时的术语翻译必须反复琢磨原文的语境，就是孙周兴（2013）所说，译者要依原文上下文的"理"和"路"，把本义传达出来，这也就接近于通常所谓的译事之"信"的要求。先看一下formulation这个词出现时的一些上下文。

Conversation analysts have produced accounts of various aspects of conversation: conversational openings and closings; how topics are established, developed and changed; how people tell stories in the course of conversations; how and why people "formulate" conversations (e.g. give their gist, suggest what they imply). (Fairclough，1992：17)

… a formulation of the text which makes explicit what was implicit, by providing referents for pronouns, verbalizing the implicit meanings of the paralinguistic cues, introducing relevant factual material from other parts of the data, and making explicit some of the shared knowledge of the participants. (Fairclough，1992：21)

该书第五章"文本分析：构建社会关系和'自我'"中专门有一个小标题就是formulation，其中说道，"Sacks (1972: 338) describes formulating as follows: 'A member may treat some part of the conversation as an occasion to describe that conversation, to explain it, to characterize it, to explicate, or translate, or summarize, or furnish the gist of it, or take note of its accordance with rules, or remark on its departure from rules'"。随后举了一个警察被上级训话的例子：

Officer: you say that you're working to er er er the proper standards is that right
Policeman: well I've never had any comment other than that
Officer: are you saying that nobody's brought your shortcomings to your notice

此例中警察的上级两次说话都是对对方说法的formulation，而且费尔克劳认为to formulate的意思就是to reword（Fairclough，1992：158），具有控制互动谈话的功能，有助于引导他人接受自己的措辞方式，这在法庭盘问、警察问话和广播电视访谈中经常使用。

综上，可以得到这样的结论：formulation不是现译本所译的一般意义上的"阐述"，而是通过换一种说法（其具体手段很多，见上文引文），把自己或别人说得不明确的信息说得更加明确，以实现不同的交际意图。因此，formulation可以翻译成"改述"（在很多学术著作中也翻译成"表述"，可根据具体情况而定）。

例如，费尔克劳在最后一章以提纲挈领的形式，提供了一个话语分析的操作指南，以供话语研究者们参考。其中一条被译为"参与者们在什么程度上阐述相互作用？这些阐述有什么样的功能？哪个（些）参与者在进行阐述？"读来颇让人不知所云，更不要提如何借鉴到自己的话语研究中。其实正确的译文应该是"话语参与者在多大程度上对话语互动进行改述？这些改述有哪些功能？哪个（些）参与者在进行改述？"

④ representation和utterance(s)

辜正坤（1998）曾讨论了文艺理论中representationism和expressionism这一对概念如何翻译才能体现两者之间的"对立"性质的问题。如果只从字面上看"再现主义"和"表现主义"，我们很难看出其对立。如果译为"写实主义"与"写情主义"（或"表实主义"和"表情主义"），其基本特征和区别一望而知，根本无须理论家们喋喋不休地反复阐述其原理。如果加上impressionism一起讨论，三者放在一起，"印象派、写实派和表达派"三者之间的区别和联系就更清楚了。可见representation并不是在所有情况下都译成"再现"，具体如何翻译，必须在一个学科系统内自圆其说，而且一个术语的意义往往取决于它与其反义术语或近义术语之间的关系，这就又回到了我们所讨论的术语意义的"语境决定论"和其译名的"动态商榷性"问题上。

在话语研究领域，representation一般都译为"再现"，但具体情况也要视语境对其译法稍作调整。在本书第四章"互文性"（Fairclough，1992：118-120）中，专门有一个小标题讨论discourse representation。在以巴赫金为代表的"互文性"语境下，discourse representation往往与话语事件中不同的voice（声音）有关，因此译为"话语再现"比现译本所译的"话语描述"更为合适。比如：

I use the term "discourse representation (话语再现)" in preference to the traditional term "speech reportage (口头转述)" because (i) it better captures the idea that when one "reports (转述)" discourse one necessarily chooses to represent (再现) it in one way rather than another; and (ii) what is represented (再现的内容) is not just speech, but also writing, and not just their grammatical features but also their discursive event—its circumstances, the tone in which things were said, etc. (See Fairclough 1988 for more detail.)

A major variable in how discourse is represented (再现) is whether representation (这种再现) goes beyond ideational or "message" content to include aspects of the style and context of represented utterances (被再现的话语).

Another claim in his account is that the meaning of represented discourse (被再现的话语) cannot be determined without reference to how it functions and is contextualized in the representing discourse (再现话语).

术语翻译的可商榷性不仅在关键概念的翻译方面，对于一些像utterance这样的"普通"词汇，翻译起来都不能一概而论，必须依赖语境，具体情况具体分析。在抽象不可数意义上，utterance多指"话语"，而且是偏重于口语；在具体的可数意义上，utterance多指"某人说的一句话"，其长度不定；也可以翻译成"句子"，但这是一个语用学概念，与语义学或语法意义上的sentence不同（如utterance meaning和sentence meaning的区别）。在符号学意义上，to utter甚至只是发出某种声音，如He uttered a weird sound to mean yes；而有语言障碍的人所发出的utterance恐怕只对他自己是有意义的，别人可能听不懂，在这种语境下，His utterance confused me就得译成"他说得叽里咕噜，我听得一头雾水"了。如果想追求学术翻译的精益求精，可以运用语料库的检索方法把书中所有涉及utterance的句子及其上下文都搜索出来，然后分类讨论，最后看能否用一种译法包容或两三种译法应对各种不同情况，这样的研究也是很有价值的。

6. 结语

就知识传播和学术沟通而言，学术翻译可以推动中国学术话语的发展，促进学术话语的交流。综合本文以上的讨论，可见学术翻译之难，其集中表现与核心问题，就是一些译者对当代西方学术界的总体精神（ethos）历史演变和文化现状重视不够，仅仅试图在单一学科、单一学派甚至单一理论的视野中探讨解决学术翻译问题，导致译者对构成学术话语枢纽节点的各个关键术语和表达的深度不容易领会，又很难把握在这一独特学术文化及其复杂的话语网络中应运而生的、通过不间断的交流互动迅速发展变化的各种立场、视角、态度、方法、策略的动态。

笔者在此非常赞同刘亚猛教授（2004）提出的观点"深刻了解当代西方学术话语的总体特点，以及这些特点对具体学科话语的跨语言、跨文化再表述提出的特殊要求，是从事学术翻译的一个基本前提"，以及"要想提高学术翻译质量就应该首先注重提高译者对相关学术的'文化素养'（cultural literacy）"。如果从事学术翻译的译者对西方学术界自20世纪60年代以来发生的巨变以及当前的整个话语形成了如指掌，并且自觉地在这一大语境内从事相关的学术翻译，则即便在细节上和技术处理上未能尽善尽美，译作还是能从整体上将西方学术思想的脉络准确清晰地传达给中文学术界，不至于在那些因英语不够好而主要依靠汉译了解西方学术动态的读者中产生"以其昏昏，使人昭昭"的效果。很显然，只有在对西方学术文化深刻理解的基础上，认真负责地进行"研究型翻译"，追求约定俗成与动态商榷的辩证统一，才谈得上对学科专门知识的理解，进而做到高质量的学术翻译。

注释：

① 这一数据与陈生梅（2011）并不矛盾，因为该文中说："通过中国期刊全文数据库，以学术翻译为题名只能搜索到 10 篇论文，笔者通过各种途径，搜集到的相关论文也只有 52 篇。"

参考文献：

Chesterman, A. 2012. *Memes of Translation: The Spread of Ideas in Translation Theory.* Shanghai: Shanghai Foreign Language Education Press.

Fairclough, N. 1988. Discourse representation in media discourse. *Sociolinguistics*, 17: 125-139.

Fairclough, N. 1990. What might we mean by "enterprise discourse"? In R. Keat and N. Fairclough (eds.). *Abercrombie*. Cambridge: Polity Press.

Fairclough, N. 1992. *Discourse and Social Change*. Cambridge: Polity Press.

Foucault, M. 1972. *The Archeology of Knowledge and the Discourse on Language*. New York: Pantheon Books.

Jorgensen, M. & Phillips, L. 2002. *Discourse Analysis as Theory and Method*. London: Sage.

Marco, J. 2007. The terminology of translation: Epistemological, conceptual and intercultural problems and their social consequences. *Target*, 19(2): 255-269.

Pecheux, M. 1982. *Language, Semantics and Ideology*. London: Macmillan.

Sacks, H. 1972. On the analyzability of stories by children. In J. Gumperz and D. Hymes (eds.). *Directions in Sociolinguistics*. New York: Holt, Rinehart and Winston, 325-345.

Snell-Hornby, M. 2007. "What's in a name?" On metalinguistic confusion in Translation Studies. *Target*, 19(2): 313-325.

Vaerenbergh, L. V. 2007. Polysemy and synonymy: Their management in translation studies dictionaries and in translator training: a case study. *Target*, 19(2): 235-254.

陈才俊，2006，学术著作翻译原则刍议，《学术研究》，第9期，130-134页。

陈生梅，2011，中国学术翻译研究20年，《兰州大学学报（社科版）》，第4期，149-154

页。

辜正坤，1998，外来术语翻译与中国学术问题，《中国翻译》，第6期，16-21页。

姜望琪，2005，论术语翻译的标准，《上海翻译（翻译学词典与翻译理论专辑）》，80-84
页。

姜望琪，2010，再论术语翻译的标准——答侯国金（2009），《上海翻译》，第2期，65-69
页。

刘亚猛，2004，风物常宜放眼量：西方学术文化与中西学术翻译，《中国翻译》，第6期，
44-48页。

刘英，2014，英语学术著作的汉译策略，《中国科技翻译》，第1期，8-11页。

诺曼·费尔克劳，2003，《话语与社会变迁》，殷晓蓉译，北京：华夏出版社。

孙秋云、黄健，2014，当前学术翻译的若干问题及其新机遇，《书业》，第2期，26-30页。

孙周兴，2013，学术翻译的几个原则——以海德格尔著作之汉译为例证，《中国翻译》，
第4期，70-73页。

田海龙，2014，《批评话语分析：阐释、思考、应用》，天津：南开大学出版社。

王祥兵、穆雷，2013，学术著作翻译的理想模式——以赵文静《翻译与冲突：叙事性阐
释》中译本为例，《中国翻译》，第4期，79-82页。

许瑾、杨秀文，2012，中国高级英语学习者学术著作英译中高频动词使用的语料库研究，
《上海翻译》，第1期，77-80页。

阎克文，2005，《新教伦理与资本主义精神》误译举隅，《南方周末》，9月29日。

阎克文，2006，"经济与社会"：恐怖的整容术及其他（之一），《博览群书》，第9期，37-50
页。

余静，2016，论翻译研究中的术语规范与术语关联——以翻译策略研究术语为例，《中国
翻译》，第1期，85-90页。

俞吾金，2005，何谓"有机知识分子"，《社会观察》，第8期，47页。

周领顺，2008，学术翻译研究与批评论纲，《外语研究》，第1期，78-84页。

Conventionality and Dynamic Negotiability/Contestability in Translating Terminologies: The Case of *Discourse and Social Change* in Chinese

Zhu Lei, Tianjin University of Commerce

Abstract: A close reading of the Chinese translation of *Discourse and Social Change* on the basis of the principles of "context, hard translation, consistency and readability" reveals that the difficulties of academic translation have much to do with the dialectical relationship between the conventionality and dynamic negotiability/contestability of the translation of terminologies, which is illustrated in this paper with a discussion of translating specific terms in the monograph in the hope of increasing the quality of academic translation.

Key words: discourse studies, translation of terminologies, principle of context, conventionality, dynamic negotiability/contestability

作者简介：

朱蕾，女，湖北十堰人，天津商业大学外国语学院副教授、硕士生导师，天津外国语大学中央文献翻译研究基地博士生。研究方向：系统功能语言学、话语研究、翻译理论与实践。

《话语研究论丛》第三辑
2016 年
第 82-92 页
南开大学出版社

论 文

政治新闻语篇的批评隐喻分析

——以各国媒体对伊拉克问题的报道为例[*]

◎ 张跃　中山大学外国语学院

摘　要　批评隐喻分析综合运用批评话语分析、语料库分析、语用学和认知语言学分析隐喻，旨在探索隐藏在隐喻背后的意识形态以及话语使用者的动机。本研究搜集了中外三家主流媒体对伊拉克形势的报道，以批评隐喻为分析框架，探讨政治新闻语篇中的隐喻的工作机制和特点。研究发现：1）由于其强大的说服功能，诸如旅途隐喻、疾病隐喻和战争隐喻等概念隐喻会被运用在政治新闻语篇中；2）政治新闻语篇中隐喻的使用具有激发读者情感，引起公众共鸣，使政治家的意识形态和权力合法化的功能；3）隐喻和意识形态两者存在辩证关系，即隐喻反映话语使用者的意识形态，同时意识形态也左右着隐喻的使用。

关键词　批评隐喻分析；概念隐喻；意识形态；政治新闻语篇；伊拉克问题

1. 引言

政治活动是意识形态的集中体现，因此对政治话语的分析一直备受语言学家，尤其是批评语言学家的关注。隐喻使用的高频性加之其表达的委婉性赋予了其强大的语篇功能。政治家们尤其擅长使用隐喻解释一些抽象的政治思想，使这些思想更加简明，并通过使用隐喻激发读者情感、提供全新的视角以及合法化其意识形态，使其政治思想更容

[*] 通讯作者：张跃
联系地址：广东省广州市（510275）海珠区新港西路 135 号，中山大学外国语学院
电子邮件：fls_zhangyue@163.com

易为大众所接受和理解（杜学鑫，2008）。语言学家 Seth Thompson（Mio & Katz，1996：185-201）就将隐喻与政治之间的微妙关系比喻为鱼与水的关系。

批评话语分析是作为一种以考察语言如何在社会、历史语境下运作为己任的全面、动态的语言研究（丁建新、廖益清，2001：305-310），而 Charteris-Black（2004）于2004年提出的批评隐喻分析方法则以社会政治人物的语言为语料，综合应用包括批评话语分析在内的多种方法研究隐喻。相比较之下，批评隐喻分析更是侧重于研究语言中普遍存在的隐喻现象，正如德里达（1982）曾指出过"哪里有文字，哪里就有隐喻"。批评隐喻分析对批评话语分析进行了有力的补充，也受到国内外越来越多学者的关注。

中东地区是当今世界最为突出的热点地区（詹世亮，2003：21-27），其具有重要的战略地位和战略资源，牵动着许多国家的利益。其中，自两伊战争、海湾战争、伊拉克战争、伊拉克战后重建，到2014年成立的极端恐怖组织"伊斯兰国"发展至今，三十多年来伊拉克问题一直是地区矛盾和大国博弈的焦点（刘中明、范鹏，2015：93-116），同时也频频出现在各国新闻媒体的报道中。本文分别选取了中国、英国和美国的知名权威媒体报道的有关伊拉克问题的政治新闻语篇作为文本，以批评隐喻分析的方法为研究框架，旨在探索三个国家的媒体隐藏在其政治语篇中的意识形态，挖掘隐喻在其政治新闻语篇中的作用，以及揭示隐喻与意识形态之间的相互关系。

2. 理论基础

2.1 隐喻

一般来说，隐喻是人类行为中非常普遍的语言现象。作为一种修辞方式，隐喻用于比较两个看似无关的事物，制造一个修辞的转义。日常生活中，隐喻随处可见，人们的谈话、文章、新闻报道中常常会出现隐喻的影子。人们对隐喻的研究可以追溯到亚里士多德时期，其在传统上被当做修辞学中的一种修辞格。在当时，亚里士多德（1954）也在《诗学》中提出两个相互印证的观点，"隐喻是天才的标志"（也即是"隐喻天才论"）和"掌握隐喻是件最为了不起的事情"，即隐喻不是人人皆有的自然禀赋，一个人必须成为天才才能正确地使用隐喻。到了近现代，自20世纪80年代以来对隐喻的研究可谓是门派林立，在心理学、哲学、认知科学、神经科学等领域都有关于隐喻的研究，而且人们开始从隐喻产生的源头着手。隐喻背后常常蕴含人们对事物的感知、体验、想象、理解以及谈论此类事物的心理行为、语言行为和文化行为，其不仅是单纯的修辞手段，更是一种普遍的思维和认知方式（Lakoff & Johnson，1980）。因此，众多学者对隐喻的研究重点也从它的修辞功能转向认知功能。也就是说，隐喻分析的关键在于要确定隐藏在隐喻认知基础下的命题，进而揭示其使用者的意图。

　　Lakoff 和 Johnson（1980）首先在《我们赖以生存的隐喻》一书中提出概念隐喻理论，指出隐喻实际上是从源域（source domain）到目的域（target domain）的映射（mapping），并列举出人们在日常生活中经常使用到的隐喻，诸如"争论是战争"（ARGUMENT IS WAR）以及"时间是金钱"（TIME IS MONEY）。Lakoff 等人（1980：3）还指出"隐喻渗透于日常生活，不但渗透在语言里，也渗透在思维和活动中。我们借以思维和行动的普通概念系统（conceptual system）在本质上基本上是隐喻的"。Ungerer 和 Schmid（1996）也认为隐喻其实是一种思考问题的方式。其不仅仅是一种语言现象，更是一种认知行为，并在人们生活中普遍存在，不仅存在于人们的语言中，也存在于人们的思维和行动中；没有它，人类将无法进行思考（Lakoff & Johnson，1980）。这一研究发现也恰恰推翻了亚里士多德的"隐喻天才论"，指出隐喻是人类基本的思维方式，这种原发的突破性的思维是人类认识、生存和发展的方式之一（丁建新、廖益清，2003：1-3）。

　　Charteris-Black（2010：149-153）更多强调的是隐喻在语篇中的修辞效果和体现意识形态的动能，并指出，隐喻的理解必须要综合考虑语义、语用和认知三个维度。对于解读隐喻，人类的喻化思维是基础，语境是很重要的因素（丁建新、廖益清，2003：1-3）。而在特定语境中使用隐喻可以有效避免直接言及命题，在说话者使用隐喻时，同时也诱使着听者参与阐释行为，从根本上说隐喻的运用是一种起着劝导作用的话语行为（Charteris-Black，2004：11-13）。同时，隐喻具有激起情感反应的能力，也能影响观点和情感的表达（纪玉华、陈燕，2007：42-48）。情感反应也是听者所做出的相应话语阐释的结果，促使听者达到情感上的共鸣。

　　在政治生活中，不同的政治党派、政治人物在发表自己的见解，或提出制定的方针、政策时都要使用到语言。而政治与隐喻的不可分性使得隐喻频频出现在政治语篇中。隐喻在政治语篇中展现出的强有力的说服功能也一直备受学者的关注。Wilson（1990）指出隐喻有助于解释复杂的政治主张，引发听众内心情感的共鸣，从而实现特定的交际目的。Lakoff（1991：25-32）也曾论证在军事和国际关系策略中都会使用有益于自身利益的隐喻，并例证"隐喻可以用来杀人"（metaphor can kill），在海湾战争中美国政府正是通过使用神话情节（fairy tale scenario）的隐喻，使得美国民众更易于接受政府发起的战争。Jack Lule（2004：179-190）的研究则是在 Lakoff 的基础上进一步肯定了隐喻在战争概念的形成和构建中起到的推动作用。现今的隐喻研究也在不断探索着不同的政治主题。在政治走向、社会判断以及意识形态的塑造中，隐喻都占据着举足轻重的作用。

2.2 批评话语分析和批评隐喻分析

　　批评话语分析（critical discourse analysis，简称 CDA）旨在研究语言、权力和意识形态间的关系。该理论以 Fairclough 和 Wodak 为代表，运用跨学科的研究方法，包括语言学、社会学、历史学、政治学和心理学，探索语言、意识形态与权力之间的关系，揭示社会中透过语言体现的社会权力倾斜、不公平和歧视等现象（Wodak & Meyer，2001）。批评话语分析主要从语言特点以及语篇生成环境揭示语言、意识形态与权力的辩证关系，即将权势之人的意识思想根植到语言之中（田海龙，2009）。

作为批评话语分析的一个新的研究范式，批评隐喻分析由 Charteris-Black 在 2004 年提出，综合使用批评话语分析、语料库、认知语言学、语用学等研究方法分析隐喻，旨在探索权势群体在其语言背后的意识形态本质，并分析语言与意识形态和社会环境的复杂关系。Charteris-Black（2004）的批评隐喻分析方法的研究也表明了对于有权有势人物的话语进行批评隐喻分析，能阐明他们话语中使用隐喻来表现道义逻辑，抒发感情以感染听众的手法（凤群，2013：18-22）。可以说批评隐喻分析是一种研究思维、语言和社会之间关系的一种较新而且有效的方法（纪玉华、陈燕，2007：42-48）。把认知理解、语言分析和社会知识联系起来可以解释特定语篇中人们隐喻的选择倾向，对于隐喻的使用动机也就有了更深层次的揭示和阐明。Cameron 和 Low（1999：88）指出隐喻分析有三个阶段：首先是收集语篇中的语言隐喻（linguistic metaphor），其次是归纳这些隐喻所描述的对象，最后通过归纳的结果揭示和理解构建或束缚人们信仰或行为的思维模式。参照 Cameron 和 Low 所提出的"三个阶段"，Charteris-Black（2004：35）将批评隐喻分析精练地概括为三个步骤：隐喻识别、隐喻描述和隐喻阐释。本文接下来的研究分析也将以这三个步骤为脉络展开论证。

3. 各国媒体对伊拉克形势报道中的批评隐喻分析

本文搜集了 2014 年以来中国、英国和美国三个国家媒体报道的有关伊拉克问题的三篇节选政治新闻语篇，分别源自中国的《中国日报》[1]（*China Daily*）、英国的《伦敦标准晚报》[2]（*London Evening Standard*）和美国的《纽约时报》[3]（*New York Times*）。本文选择的这三家媒体都是权威知名媒体，其中《中国日报》是国内外人士首选的中国英文媒体，作为中国了解世界、世界了解中国的重要媒体，也是国外的媒体转载率最高的中国报纸；而《纽约时报》是在美国纽约出版的日报并在全世界发行，作为高级报纸、严肃刊物的代表，长期以来拥有相当的影响力和良好的公信力以及权威性；《伦敦标准晚报》则是一个成立于 1827 年的老牌报纸媒体，也是伦敦的主流晚报，覆盖面全而且权威性高。本文将使用这三家媒体的新闻报道语篇为文本，基于概念隐喻的范畴，以批评隐喻分析为框架，通过识别、阐述和解释语篇中出现的隐喻，分析政治语篇中隐喻的工作机制、特点以及作用。

3.1 《中国日报》

In his speech, Xi, who is on a three-nation tour in the region, concluded that dialogues and development are the ultimate solution to the predicament.

Neither the West's involvement in Iraq, nor…

—— *China Daily* 23/01/2016

上文节选自 2016 年 01 月 23 日《中国日报》一则题为《中国为中东窘境提出解决之道》（"China offers alternative approach to Mideast predicament"）的报道。通过考察"对话"（"dialogues"）、"发展"（"development"）、"最终"（"ultimate"）以及"解决之道"（"solution"）这几个关键词语的使用，源域"最终的解决之道"被映射到"和平是终点"的目的域上，从而可以识别出本篇报道中使用了旅途隐喻（journey metaphors）。旅途隐喻可被划分为概念隐喻理论下的结构隐喻，最早由 Lakoff 和 Johnson 于 1980 年提出。结构隐喻使我们超越指向性和所指，给我们根据另一概念构建一个概念的可能性；其根植于我们的经验，意味着一个概念是以另一个概念隐喻地构建起来的（胡壮麟，2011：136）。例如，隐喻"争论是战争"可以产生诸如"他向我争论中的每个弱点发起进攻"的表达。之后，他们又提出一个普遍概念隐喻"生命是旅程"（LIFE IS A JOURNEY），对蕴含旅程式概念的隐喻做了概括和总结。旅途隐喻中常包含着起点、路线、地标、终点等概念，描述事物发展的过程，如生活、爱情和国家发展等（胡家英、李海艳，2013：43-48）。本篇报道中"对话和发展是最终的解决之道"（"dialogues and development are the ultimate solution"）的表达就涵盖了国家的发展是路线，对话磋商是向导地标，隐含的最终伊拉克局势的和平是旅程的终点。确保中东地区，尤其是伊拉克形势稳定，以及实现伊拉克的和平不仅是一个漫长的旅程，同时也是中国政府的目标。这一目标的实现不仅需要经过漫长的"发展"，而且对于中国政府而言，"对话"才是实现这一目标的"最终"途径，以此体现出了"和平是旅程，是目的"的概念隐喻。同时作者使用"对话"这一关键词的旅途隐喻向读者传达了中国政府的决心，并表明"西方的干预"（"West's involvement"）并不是解决伊拉克问题的有效途径。在这段旅途中只有各个国家与伊拉克共同采取"对话"磋商才是伊拉克问题的最终解决之道，才是实现伊拉克国家"发展"以及局势和平之道，中国政府也将始终向着旅途的终点——和平这一目标迈进。《中国日报》这一概念隐喻的使用基于中国和平外交的大国形象：维护国家的独立和主权、促进世界的和平与发展是中国外交政策的基本目标；维护世界和平、促进共同发展是中国对外政策的宗旨。并且概念隐喻的使用潜移默化地将中国政府对待伊拉克问题的意识形态表露出来，旨在劝导并在情感上引导读者相信中国政府为中东窘境提供的解决方法，也即是"对话"和"发展"。受到中国政府意识形态的影响，中国媒体在对中东局势的政治新闻报道中也注重使用"和平是旅程,是目的"的概念旅途隐喻,以此传达出中国政府和平外交的立场和决心。

3.2 《伦敦标准晚报》

The Prime Minister rejected sending British troops back to Iraq but said the government had to make "long-term, hard-headed, patient and intelligent" interventions to fight extremism around the world or it "will come back and hit us at home".

—— *London Evening Standard* 18/06/2014

《伦敦标准晚报》的这则报道前半部分通过堆叠一系列的形容词,将英国对伊拉克的干涉描述成一个"漫长的"("long-term")、"坚定的"("hard-headed")、"需要耐心的"("patient")和"智慧的"("intelligent")过程。源域"干预过程"被映射到目的域"实现地区安全、和平"上,因此可以识别出这半部分中使用了旅途隐喻。旅途隐喻的运用表明了英国政府的"干预"("interventions")是以实现地区稳定、和平为目标的,目标的实现这里被概念隐喻化成为一个"漫长的"旅程,但是英国政府的决心是"坚定的"。《伦敦标准晚报》通过这一概念隐喻将英国对伊拉克内政的干预描绘成英国为实现伊拉克地区的和平付出着不懈的努力,使其干预高尚化和合理化,也使得读者更易于接受英国政府的"干预"政策。

这则报道的后半部分运用了"打击"("fight")和"袭击"("hit")两个词汇,是属于战争隐喻(war metaphors)常用的关键词,这里"打击极端主义"("fight extremism")的表达中"打击"隐喻了"极端主义"("extremism")是敌人,反极端主义就是战争。该隐喻常常被政治家和演讲者用来强调国家安全和世界和平发展的紧迫性,激励民众积极行动起来,因此战争隐喻一直以来都是政客们的钟爱(胡家英、李海艳,2013:43-48)。与此同时,在报道中出现的"打击"和"袭击"这两个关键词表达出了"攻击"的概念,也是属于冲突源域内的重要词汇,因而可以被认为运用了概念冲突隐喻(conflict metaphors)。冲突概念域与战争概念域之间往往存在着共同属性,报道中出现的表现冲突的隐喻话语都是由"冲突就是战争"这一概念隐喻形成的(韦忠生,2014:94-99)。在报道中出现的"打击"与"极端主义"的连用表明了英国政府愿意承担军事打击伊斯兰极端主义分子的正义之举;"袭击"与"家园"的连用,阐明了伊斯兰极端主义分子的凶残和不择手段,民众的家园也将受到极端主义分子的袭击威胁。冲突隐喻帮助英国政府成功地构建了"受威胁"的情境,同时强调威胁时刻都会"卷土重来"("come back"),并利用语言描绘的情感色彩,描绘出伊斯兰极端主义分子"袭击我们的家园"("hit us at home")的威胁者形象。对于民众而言,面对随时可能被袭击的潜在威胁更激起其内心情感的共鸣,同时引起他们内心的恐惧和焦虑,营造出英国政府"干预"的必要性和紧迫性。总体上，《伦敦标准晚报》的这则报道利用了旅途隐喻、战争隐喻和冲突隐喻向民众表明了英国政府对伊拉克干涉的合理化、合法化，而且选择使用这些隐喻也是受政治家们的意识形态所决定的，他们最大化地利用了隐喻的情感引导功能，以寻求民众的理解和支持。

3.3　《纽约时报》

Obama noted that the threat from the Islamic State of Iraq and the Levant, or ISIL, "is not solely or even primarily a military challenge," though he called ISIL a "vicious organization".

"This poses a danger to Iraq and its people, and given the nature of these terrorists it could pose a threat eventually to American interests, as well." Obama said.

—— *New York Times* 13/06/2014

摘自《纽约时报》的这则报道是前美国总统奥巴马针对伊拉克以及中东动荡形势所发表的讲话，讲话中奥巴马称"伊拉克和黎凡特伊斯兰国"（"ISIL"）是一个"邪恶的组织"（"vicious organization"），认为他们的本质是"恐怖主义"（"terrorist"），以此来宣称美国的国家利益是遭到"威胁"（"threat"）的。语篇中使用的"vicious"本意常常用来指疾病的"严重"或"危险"，用做隐喻可以用来描绘某种人或者物会给其他人生命带来危险，而且其性质往往很邪恶和恶毒。因此，从"vicious"的使用可以识别本篇报道使用了疾病隐喻（illness metaphors）。由于人们在日常生活中经常经受各种不同程度的病痛，对于一些抽象的概念使用疾病隐喻，则会使其概念具体、形象和简单化，更易于读者的理解和接受（吴丹萍、庞继贤，2011：38-43）。《纽约时报》通过描绘 ISIL 对于伊拉克及伊拉克民众是个"危险"（"danger"），以及对美国来说也是一个"威胁"（"threat"），进一步点出 ISIL "邪恶"（"vicious"）的本质。通过疾病隐喻的运用，和"危险""威胁"以及"恐怖分子"这些关键词的使用，构建了语篇参与者"受威胁"的情境。这也体现了隐喻的语篇表征功能，能够传达出话语者的态度和观点，在帮助接受者认知事物的同时限制并影响着他们对现实的感受和理解（张蕾、苗兴伟，2012：20-24）。同样作为"语篇参与者"的民众在感受到语言的使用会带来威胁的时候，疾病隐喻所激发的紧张、不安的情绪，会进而促使民众急切地想知道"语篇发起者"美国政府会采取什么样的策略或方案来消除恐怖主义组织"伊拉克和黎凡特伊斯兰国"这一威胁，因而更加容易说服民众接受美国政府在语篇中施加的观点。

总之，《纽约时报》传达出美国打击恐怖主义"伊拉克和黎凡特伊斯兰国"的决心和政治策略，而这些政策和意识形态同时决定了政治家使用疾病隐喻的语言策略。疾病隐喻的使用激起了民众的政治需求，进而使得美国继续干预伊拉克形势的政治意识合理化和合法化。

3.4 结果与讨论

以上分析表明，《中国日报》的报道旨在向读者传达中国政府实行和平外交政策的立场和决心，通过使用概念旅途隐喻传达出"和平是旅程，是目的"，但同时也达到赢得读者支持和认同的效果；而《伦敦标准晚报》和《纽约时报》主要通过运用概念冲突隐喻和疾病隐喻，建构"受威胁"的情境，利用了隐喻的说服功能，同时通过隐喻的使用激起民众情感的共鸣，赢得民众的理解和支持，旨在使自己国家干预他国政治的意识形态合理化以及合法化。通过批评隐喻分析我们发现，隐喻能反映语言文字背后蕴含的意识形态。同时对于隐喻和意识形态之间关系的思考也可以发现，意识形态也决定着隐喻的使用。中国倡导和平的外交政策，从不侵犯别国领土和主权，因此在对待伊拉克问题上通过使用旅途隐喻很清楚地表明了中国政府始终坚持"对话磋商"实现"和平"的目标；而以美国为首的西方国家向来奉行"霸权主义"和"强权政治"，在伊拉克问题上美国和英国多采取对伊拉克以及中东进行"干预"的政治策略，因此多使用战争隐喻、冲突隐喻和疾病隐喻等，隐藏政府"干预"的负面形象，使得政策的实施合理化和合法化，并且隐喻的使用可以引得民众情感的共鸣，从而说服民众对"干预"行动政策的理解和支持。总的来说，隐喻和意识形态之间是相互影响的，隐喻能反映意识形态，意识形态也决定着隐喻的使用。

4. 结语

通过以上分析有关伊拉克问题的政治语篇，本研究发现旅途隐喻、战争隐喻、冲突隐喻以及疾病隐喻等概念隐喻被运用在政治新闻语篇中。同时，这些隐喻的使用主要是为领导人和政治家们的意识形态服务，表达其道义上的逻辑；而且隐喻强大的说服功能可以达到引起读者情感上共鸣的效果，有利于其政策的实施和意识形态的传达。最后，本研究也表明了意识形态和隐喻之间的关系，意识形态既决定着隐喻的使用，又靠隐喻来体现。

此外，本文对政治语篇的批评隐喻分析有利于进一步探索批评隐喻分析方法的理论价值和应用价值，对于其梳理语言、思维和社会之间错综复杂关系以及理清认知理解、语言分析和社会知识之间的逻辑的应用，也有一定的促进作用。

注释：

① http://www.chinadaily.com.cn/world/2016xivisitmiddleeast/2016-01/23/content_23239692.htm

② http://www.standard.co.uk/news/world/david-cameron-iraq-fanatics-plan-to-attack-br

itain-9545707.html

③ http://newyork.cbslocal.com/2014/06/13/president-obama-to-speak-about-response-to-iraq-insurgency/

参考文献：

Aristotle. 1954. *Rhetoric and Poetics*. New York: The Modern Library.

Cameron L. & Low G. 1999. *Researching and applying metaphor*. Cambridge: Cambridge University Press.

Charteris-Black, J. 2004. *Corpus approaches to critical metaphor analysis*. Hampshire: Palgrave MacMillan.

Charteris-Black, J. 2010. Metaphor in Discourse by Elena Semino. *Journal of Sociolinguistics*, 14(1): 149-153.

Derrida, J. 1982. *Margins of philosophy*. Chicago: University of Chicago Press.

Fairclough, N. 2003. *Critical discourse analysis: The critical study of language*. London: Routledge.

Lakoff, G. & Johnson, M. 1980. *Metaphors we live by*. Chicago: University of Chicago Press.

Lakoff, G. 1991. Metaphor and war: The metaphor system used to justify war in the Gulf. *Peace Research*, 23(2/3): 25-32.

Lule, J. 2004. War and its metaphors: news language and the prelude to war in Iraq. *Journalism Studies*, 5(2): 179-190.

Mio, J. S. & Katz, A. N. 1996. *Metaphor: Implications and applications*. NJ: Lawrence Erlbaum Associates.

Ungerer, F. & Schmid, H. J. 1996. *An introduction to cognitive linguistics*. London: Longman.

Wilson, J. 1990. *Politically speaking: the pragmatic analysis of political language*. USA: B. Blackwell.

Wodak, R. & Meyer, M. 2001. *Methods of critical discourse analysis*. London: SAGE.

丁建新、廖益清，2001，批评话语分析述评，《当代语言学》，第 4 期，305-310 页。

丁建新、廖益清，2003，隐喻所指的符号学研究，《集美航海学院学报》，第 2 期，1-3 页。

杜学鑫，2008，Analysis of Functions of Metaphors in Political Discourses，电子科技大学硕士学位论文。

凤群，2013，隐喻和政治神话的实现：美国总统演讲的批评隐喻分析——从里根到奥巴马，《解放军外国语学院学报》，第 1 期，18-22 页。

胡家英、李海艳，2013，从批评隐喻分析视角浅析政治演讲中的概念隐喻——以奥巴马校园演讲为例，《东北农业大学学报（社会科学版）》，第 6 期，43-48 页。

胡壮麟，2011，《语言学教程》（第四版），北京：北京大学出版社。

纪玉华、陈燕，2007，批评话语分析的新方法：批评隐喻分析，《厦门大学学报（哲学社会科学版）》，第 6 期，42-48 页。

李凤亮，2004，隐喻：修辞概念与诗性精神，《中国比较文学》，第 3 期，140-150 页。

刘中民、范鹏，2015，中国对伊拉克问题的外交政策，《中东问题研究》，第 1 期，93-116 页。

田海龙，2009，《语篇研究：范畴 视角 方法》，上海：上海外语教育出版社。

韦忠生，2014，英语新闻语篇冲突隐喻的批评性解读，《哈尔滨学院学报》，第 11 期，94-99 页。

吴丹萍、庞继贤，2011，政治语篇中隐喻的说服功能与话语策略——一项基于语料库的研究，《外语与外语教学》，第 4 期，38-43 页。

詹世亮，2003，中东问题的历史与现状，《外交学院学报》，第 1 期，21-27 页。

张蕾、苗兴伟，2012，英汉新闻语篇隐喻表征的比较研究——以奥运经济隐喻表征为例，《外语与外语教学》，第 4 期，20-24 页。

A Critical Metaphor Analysis of Political News Discourse:
A Case Study of the News Report Concerning Iraqi Issue

Zhang Yue, Sun Yat-sen University

Abstract: Critical Metaphor Analysis intends to unveil the ideology and the motivation behind the words with a mixed method of Critical Discourse Analysis, Corpus-based Study, Pragmatics and Cognitive Linguistics. This research has collected three pieces of news concerning Iraq's current situation reported by different countries in order to give an analysis of the metaphors involved based on the framework of Critical Metaphor Analysis with the aim to find the working mechanism of metaphors in political news discourse. This research has found 1) owing to the persuasive function of metaphors, such conceptual metaphors as journey metaphors, illness metaphors and war metaphors are used in political news discourse; 2) this study yields three functions of metaphors used in political news discourse, namely evoking readers' emotions, drawing public consensus and legitimating politicians ideology; 3) ideology and metaphor are mutually related. Metaphor is decided by ideology and indicates ideology.

Key words: Critical Metaphor Analysis, conceptual metaphor, ideology, political news discourse, Iraq's current situations

作者简介：

张跃，男，安徽省亳州市人，中山大学外国语学院研究生。研究方向：话语研究、批评话语分析。

《话语研究论丛》第三辑
2016 年
第 93-107 页
南开大学出版社

论 文

话语与中国的公共领域

——关于吴英案的探讨*1

◎ 田海龙　　　天津外国语大学语言符号应用传播研究中心
◎ 尹佳（译）　　天津外国语大学中央文献翻译研究基地

摘　要　2012 年 2 月至 3 月间围绕吴英案的公众争论是本文观察对象，公众利用并借以形成公共意见，以及通过互联网操纵的话语策略，是本文探讨的重点。批评话语分析有关话语即社会实践的观点以及哈贝马斯关于公共领域的论述是本研究的前提；以此为出发点，文章结合话语的复杂性以及公共领域在中国的发展讨论这些被利用的话语策略，发现网络新媒体手段促进了中国公共领域的发展，而这一促进作用由于话语策略被有意识地用作社会实践而得到加强。

关键词　话语；公共领域；新媒体；策略；法律

1. 序言

吴英原系位于中国东南浙江省的私营企业本色控股集团负责人，其于 2005 年 5 月至 2007 年 2 月间以高额利息为承诺从 11 位投资人处集资 7.7 亿元人民币（当时约合 1.218 亿美元）。吴英于 2007 年 2 月因涉嫌金融诈骗罪被捕，2009 年 12 月 18 日，因其非法集资所得的 3.8 亿元人民币无法归还，并大量欠债，金华市中级人民法院依法判处被告人吴英死刑。吴英向浙江省高级人民法院提出上诉，但浙江省高级人民法院于 2012 年 1

* 通讯作者：田海龙
　联系地址：天津市（300204）河西区马场道 117 号，天津外国语大学图书馆 B 座 313 室
　电子邮件：tianhl@tjfsu.edu.cn

月 18 日驳回吴英上诉，维持一审死刑判决。在最高人民法院复核此案期间，对吴英的判决引发了社会各界的关注，其中包括律师、企业家、经济学家和其他社会精英。

例如，2012 年 2 月 4 日，在吴英的上诉被驳回两周之后，亚布力中国企业家论坛首席经济学家张维迎于中国企业家论坛第十二届年会上呼吁大家保护吴英。两天之后的 2 月 6 日，新华社发表了两篇文章，八名专业人士就此案涉及的法学、经济学与金融问题进行了探讨。此外，法律界大腕陈中天、徐昕，经济学界大腕张曙光、刘小玄等纷纷表达吴英虽然有罪，但罪不至死。与此同时，李开复、潘石屹、薛蛮子、陈劲松、易中天等社会精英人士分别通过自己的微博表达了类似的观点。徐昕在微博上发表的一项民意调查吸引了 20000 名网友参与，其中 94% 的人表示吴英罪不至死。

尽管浙江省高级人民法院的发言人于 2 月 7 日声称其判决的正确性，但公众似乎赞同另一种对立的意见，即认为吴英并未犯需要如此判罚的罪。这种公众意见，嵌入于公共领域中由一系列文化和社会实践构成的公共话语之中，"形成了一个与国家相对的民众手中的强大政治武器"（Ku，1999：6），因而具备了形塑公共领域文化与政治的话语力量。就吴英案而言，如后来的结果那样，最高人民法院经过仔细复核，于 2012 年 4 月 20 日驳回浙江省高级人民法院的判决，将该案发回浙江省高级人民法院重审。

从学术角度来看，吴英案的研究与讨论领域涉及大众传播学在内的多个社会科学学科。而此案对笔者研究兴趣的意义在于话语与公共领域的辩证关系。总体来讲，最高法院的判决与公共讨论形成的公众意见之间的关系是要探讨的问题。具体来讲，是要探讨话语在公共领域的形成与实践中扮演什么样的角色。为了寻求答案，笔者将集中审视这个过程中的话语策略，比如：公众在表达意见时采用了哪些话语策略？这些话语策略又是通过何种方式使公众发声的？通过寻找这些问题的答案，希望能够帮助认识话语与中国公共领域发展之间复杂的辩证关系。

2. 与公共领域相关的话语概念

话语与公共领域为本研究涉及的两大基本概念。这一节我们主要探讨话语，下一节则关注公共领域。因话语在多个学科中被讨论，故在此我们只讨论其与公共领域相关的核心内容。对本研究而言，话语的两个内容需要特别强调：（1）话语具有建构性的特征，（2）公共意见是通过话语形成的。

话语与公共领域是相关的，这一理念源自批评话语分析实践对话语的认识。作为一种语言学思潮，批评话语分析的源头为福勒的批评语言学（Fowler，1991），即对话语的批评性分析（见奇尔顿等人 2010 年关于话语理解的评论文章）。批评话语分析中的话语可以是使用中的语言，如文本和谈话的形式，但本质上是一种社会实践的形式（Fairclough

& Wodak，1997：258），或者是社会实践的符号元素（Chouliaraki & Fairclough，1999：38）。基于以上观点，话语在社会政治生活中的作用是显著的，正如霍尔（Hall，1997：44）所作的福柯式的总结那样，"话语建构主题，定义并制造我们知识的对象。话语支配着有意义地讨论和推导话题的方式，同时也影响着思想被付诸实践以及被用来规范他人行为的方式"。这一论述与批评话语分析中常被引用的一句名言异曲同工："话语既具有社会建构性，同时又被社会所约束——它建构了情境、知识对象、个人及群体的社会身份以及他们彼此之间的关系。"（Fairclough & Wodak，1997：258）

话语的建构作用对于研究公共领域是有意义的，因为话语成为源于公共领域的公众意见的表现形式。公众意见很大程度上是集体观点和意见的混合体；它是大众的普遍看法，但也是每个特定时期人们所认为的普遍舆论的建构体。这与本研究特别相关。因此，公共意见首先由使用中的语言（以文本或谈话的形式表达的想法）构成，但又不仅仅只有这一种构成要素。因为公共意见由公众关注的社会热点问题形成的集体意见构成，它导引公众的注意力，同时也形塑了公众的观点。故而公共意见由话语建构而成，换言之，公共意见"形塑文化及公共领域的政治，同时也被文化及公共领域的政治所形塑"（Ku，1999：8）。

因此，话语经由公共意见嵌入公共领域。考虑到话语与公共领域的紧密关联，顾（Ku，1999：8）定义了三个特征：（1）公共意见源自有意义的实践过程，这些意见的含义受制于相关活动者的解读，（2）公共意见嵌入于公共话语之中，亦即公共话语为公共意见的建构留有话语空间，（3）公共意见的形成与话语条件有关，取决于语言与词汇的流行程度以及某些可普遍识别的符号所带有的含义。

在顾如上观察的基础之上，我们进一步提出话语的建构作用与在不同语言形式中做出选择的社会活动者或机构的参与密不可分。这些社会活动者具有机构依附性、价值负载性以及利益驱动性，他们通过选择特定的词汇、小句类型、语体、风格以及模式来实现自身的权力并传播意识形态。在此意义上，话语发挥社会实践的功能，依据特定的价值观念再现社会事件，也根据不同需要建构各种各样的社会身份。基于这些思考，本研究提出如下问题：公众采用了何种话语策略来形成公共意见？下面我们将沿着这一方向来探索吴英案。

3. 公共领域的中国概念

我们现在转向公共领域的概念。就本研究而言，公共领域可被理解为"交流信息与观点的网络"，这个网络最终将信息和观点转塑成公共意见（Koller & Wodak，2008：1）。如此理解公共领域的概念实际上概括了公共领域的三大特征：第一，公共领域代表着以特定机构、中介和/或精英阶层面貌出现集合体，即公众；第二，公共领域体现出公共讨论是一个具有理性和批判精神的过程；第三，公共领域涉及所有与社会成员切实相关的问题。我们将从下文涉及的关于吴英案的公共讨论中具体观察到这三大特征，例如，参与讨论的集合体包括专家与精英人士，所有的讨论都建立在理性思考之上，所涉及的问题，尽管多样，但也都是当前社会人们关注的问题。

尽管理论发展日新月异，但哈贝马斯关于公共领域的概念阐释依然具有重要意义（可见 Wright，2008；Koller & Wodak，2008），对中国学界亦是如此。哈贝马斯的著作《公共领域的结构转型》中文版于 1999 年出版，他的公共领域观念在 20 世纪 90 年代后得以广为流传。当公共领域的新概念投射到中国语境中时，有些历史学家发现在中国的某些特定历史时期，出现过与哈贝马斯定义相似的公共领域。王笛（1996）在审视晚清长江上游地区的公共事务时发现一些民间组织、官方组织以及后来出现的报纸具备公共领域的特征。王笛认为这些组织充当了民间与官方之间的中介渠道，也相信公共领域曾存在于那段历史。周松青（1998）在研究上海的公共事务时也提出过类似的观点。

其他史学家在辨析中国历史上公共领域的踪迹时更重视报刊的作用。例如，彭垒（2007）在研究 19 世纪 20 年代与 30 年代的《生活》和《大众生活》两份由中国知名记者邹韬奋主编的周刊时认为，它们设置的读者信箱专栏可被视为中国公共领域的雏形。他认为，这个专栏发表的读者来信有助于公共意见的发出，因此对公共领域在中国的出现有所贡献。沿着这种将大众交际作为考察公共领域首要观测点的研究线路，似乎有一种共识，即随着 BBS、博客、微博等新媒体的广泛使用，中国存在一种"互联网公共领域"。我们将在下一节的案例分析中更详细地讨论这一倾向。

在中国学术界研读公共领域的文献中，有许多关于中国是否存在公共领域的讨论。正如上文所示，有些人相信中国社会存在公共领域，无论是在历史上以报纸或以民间—官方间的中介组织形式存在，还是现代的以互联网的形式存在。然而，也有另一些学者认为中国社会并不存在哈贝马斯所定义的公共领域。他们的论点如下：

第一，中国不是市民社会，对于公共领域非常关键的批判精神市民还不具备。究其原因，从历史上看，中国的行政机构让人们能够自由发言的空间有限。第二，在政治实践中，国家与公民间没有清晰的划分，结果便是国家凌驾于社会之上。这个传统与哈贝马斯的公共领域概念（国家与社会之间的某种界面）并不一致。最后，在中国，诸如报纸等媒体并非由私人管理，因此也不是不同声音的场所，而言论自由对于哈贝马斯定义的公共领域而言是至关重要的。

还有一种观点介于这两极之间，历史社会学家黄宗志称之为"第三领域"。严利华（2010）提到，黄宗志坚持认为公共领域是哈贝马斯用来探究资产阶级社会的一个概念。

因为中西情况有别，这一概念无论从历史来看还是从现代来看并不适用于中国。他提倡摒弃将国家和社会二元划分的观点，取而代之的是"国家、第三领域和社会"的模式。所谓"第三领域"是一个政府与公民都积极发挥作用的空间，其中，国家以政府或非政府组织的形式发挥主要作用。

"第三领域"模式作为一个理论创新，受到积极评价，因为这一提法部分地遵循了哈贝马斯关于公共领域的概述，但是建立在对中国的现实情况仔细观察的基础之上（参见张常勇，2012）。同时，引起广泛讨论的互联网形式的公共领域也得到了认可。在同一篇文章里，张常勇（2012）指出，"互联网公共领域"这一术语确实反映了中国公共领域的实际情况，可以被认为是发展并且重构了哈贝马斯的公共领域概念。然而，尽管它已经逐渐发展为一个既定术语，互联网公共领域依然有待进一步探索。可以肯定的是，从话语分析视角的研究并不多见，比如，人们在互联网发声采用了哪些话语策略？对此，我们将借助吴英案的分析进行探索。

4. 话语策略

这个部分将回答前面提出的两个研究问题：（1）公众使用哪些话语策略形成公共意见？（2）公众用什么方法传播自己的声音？对所有话语策略的观察都将结合当下中国公共领域的语境进行，但第一个问题侧重公共意见表达的语言层面，第二个问题侧重与新媒体操作有关的社会层面。

我们以吴英案的公共讨论为语料进行研究，特别关注社会精英以公共演讲、受邀演讲、访谈、博客及（或）微博、新闻媒体报道及评论等形式呈现的文字或谈话。语料的时间范围从 2012 年 1 月 18 日吴英的死刑判决移交最高人民法院复核至 2012 年 2 月 14 日最高人民法院向公众做出回应。

4.1 公共意见形成中的话语策略

公共意见是由话语建构出来的，这一理论前提我们在上文已经提及。有关吴英案的公众讨论中，话语在公共意见的形成过程中参与甚深。理论上，正像怀特（Wright, 2008）指出的，若人们不能或不去交流，就不能说有公共领域的存在。在这个案件里我们经历并目睹了这样的交流。观察围绕吴英案的公众讨论，我们发现特定的策略对公共意见的形成至关重要。我们将从及物性、模式、修辞格及语境重构四个方面来讨论话语策略。

1）凸显关系过程

在序言部分我们提到了首席经济学家张维迎在第十二届中国企业家论坛上发表的演讲。在这个演讲中他提到，吴英是特权经济制度的受害者，这种经济制度不应是市场经济的基础，以下两段内容是他的论辩：

所以我们最后回到吴英案，吴英案意味着什么？意味着中国公民没有融资的自由，我们在中国获得融资仍然是一种特权，而不是一种基本的权利，意味着在中国建立在个人基础上的产权交易合同仍然得不到保护，吴英案，就是 11 个给他借款的人都不承认自己被骗了，吴英在被捕之后，她的财产在没有得到本人同意的情况下就被强制拍卖了，这本身也是对财产权的不尊重。吴英案例也意味着我们中国人的企业家精神仍然在受到不同程度的摧残，非法集资是一个法律，但是应该说这是一个恶法……

当年邓小平保护了年广久，今天邓小平已经不在了，没有另一个邓小平来保护吴英了，所以我也呼吁各位我们的企业家，我们的政府官员，我们的媒体多多的关注吴英案。因为吴英的死刑是对中国改革倒退，如果吴英的集资应该被判死刑，我不知道还有多少人不应该被判死刑。

阅读这两段内容，我们会发现很多从句都包含了"是""意味着""有"这一类的动词。这类动词表明人们运用语言表现世界的方式具有稳定而非多变的属性与特色，同时表明了被人默认为是事实的客观性（可参见 Kong, 2001：492）。语言的这种功能可以在韩礼德的系统功能语法中找到说明。在系统功能语法中，语言被认为具有通过及物性（即不同的动词句型）再现物质世界和精神世界的元功能。韩礼德（Halliday, 1994）将及物性划分为六种类型：物质过程、关系过程、心理过程、言语过程、行为过程和存在过程。上面提到的三个动词属于关系过程，它们具有将外部世界再现为"状态"的功能，而不是像物质过程那样再现为"动作"，因而体现出对事实的陈述动态不足而确信有余。

例如，在"吴英的死刑是对中国改革倒退"这句话中使用"是"这个动词，张维迎将吴英的死刑是中国改革倒退再现为一个事实。他将"吴英的死刑"（韩礼貌德所说的"标记"）与"中国改革倒退"（韩礼德所说的"价值"）联系到一起。这种表达方式表明说话人认为自己的陈述不是主观的，而是客观的，如此的客观性也进一步预示出所陈述的事实再发生变化的可能性不大。从这个"是"字的使用，可以悟出言者言谈之中体现的对所作陈述的确信。

这种通过关系过程将事件再现成不太容易变化的方式不仅出现在这位经济学家的个人陈述中，同时也出现在其他一些社会精英的微博当中。例如，中国金融博物馆理事长王巍在其微博中称"吴英被判死刑是法律的耻辱"，他还说"将银行系统的不足归咎于个人身上是不公平的"。所有这些陈述都以关系过程的形式出现，都表达了一种意思，即所谈之事是一个确定的、不易改变的事实。

2）情态的运用

虽然将客观性赋予所再现的事实之上，但张维迎在演讲中并没有掩饰自己对吴英案的态度。相反，他所谈论的事件中夹裹着一种个人因素。下面会看到，他通过运用情态及情态附加语清晰地表明了自己的主张。

简而言之，"情态"指的是正负两极之间，即"是"与"不是"之间的语义空间。情态可以通过句子中动词词组的第一个动词来表达（韩礼德所说的"限定性动词"），或者通过评论附加语（情态附加语的一种）来表达。依照韩礼德的系统功能语法，主语部分是句子正当性的落脚点，而说话人则可以通过使用不同的限定性动词在时态和极性两个层面提示个人主张的正当性（情态）程度。换言之，通过限定性动词，说话人能够表达他对所述事件的态度。在演讲中，张维迎这样表达自己的观点：

> 非法集资是一个法律，但是应该说这是一个恶法……

这句话中的情态动词"应该"表明张维迎对"这是一个恶法"的陈述持同意的态度。换句话说，当他表达非法集资"应该"说是一个恶法时，他暗示了对于自己观点的中等（如果不是高等）程度的确定性，因此肯定了自己言论的正当性。

这种以对所述事件的态度为依据的"情态承诺"（Thompson，2008：69）也可见于评论附加语的使用方面。比如，南京晓庄学院教授邵建在质疑吴英案是否量刑得当时这样写道：

> 按照现行刑法，吴英肯定有罪。适合她的刑名有两款，一是《刑法》第192条"集资诈骗罪"，一是《刑法》第176条"破坏金融管理秩序罪"（此即我们通常所说的非法集资罪）。后一刑名最高刑期是十年，连无期都没有。显然，公诉人鉴于他所认定的该案的严重性，便采取前一刑名提起公诉。我自己感到奇怪的是，如果是诈骗而且是数亿资金的诈骗，那应该有很大一批数量的告状人，就像地方政府拆迁，会导致许多人到信访办信访一样。如果这种场面并没有频繁见诸媒体，我宁可认为吴英触犯的刑律不是第192条，而是第176条。她因为做得实在太大了，以至于公诉人必须越过第176条甚至越过第192条来收拾她。

在这段摘录的文字中，"显然"这个评论附加语表明说话人主观认为吴英很明显是按照《刑法》第192条被提起公诉的。他的理由如下：适合吴英的刑名有两款，一是《刑法》第192条，一是《刑法》第176条，因为后一刑名最高刑期是十年，而吴英被判死刑，很显然是按照前一刑名被提起公诉的。评论附加语"显然"的使用，较之使用"这是明显的"这样的句式，表明说话人对自己的如上主观判断更公开地承担责任（见

Thompson，2008：69-72）。他对自己主观推理负责任的态度也为后面他提到的吴英案中没有大量提出赔偿要求的人这种奇怪现象作出解释。情态中表达的主观参与，与关系过程中体现的对吴英案的客观陈述一起，在很大程度上促成了公共意见的形成。

3）修辞手段

语言学家都认为修辞可以强化语言的力量。在我们的语料中，有这样一些修辞手段，如反问句（说话人自问自答的形式）和换喻（部分代表整体或反之）。上文中引自张维迎演讲的段落中，他就用反问句"吴英案意味着什么？"来引起人们对议题的关注，同时也间接地强调自己的观点。通过运用这种修辞格，演讲者不仅使听众注意他将话题转向了吴英的官司，同时在回答这个问题时用三个排比句"意味着……"也有力地增强了演讲的力量：意味着中国公民没有融资的自由，意味着在中国建立在个人基础上的产权交易合同仍然得不到保护，也意味着我们中国人的企业家精神仍然在受到不同程度的摧残。

这段话中的条件从句也收到了修辞手段的效果。比如，在设问"如果吴英的集资应该被判死刑，我不知道还有多少人不应该被判死刑"时，说话人采用了一个辩论策略，将责任设为论辩的主题（可参见 Wodak，2001：74）。这个论辩推理过程是：防止许多人被判死刑是我们的职责，而如果我们履行了这个责任，我们就不必判吴英死刑。这种辩论框架通过条件从句得以实现，也算是修辞手段的一种。

语料中另一种具备修辞力量的手段是换喻。当探讨吴英案时，精英们经常会谈到民间借贷。在他们看来，只要证明民间借贷是合法的，吴英就得救了。这里，吴英被她的所作所为所替代，类似于换喻中的部分替代整体或整体替代部分。可见，精英们的表述的确可以实现换喻的效果。在这起案件中，吴英的判决源于她借贷数额之巨大（在这个意义上和民间借贷产生关联），而一旦借贷在公众讨论中被证明是合理的，吴英也就得救了。显然，要实现救吴英的目的，精英们在话语实践中试图将吴英的集资行为置于合法的状态。这也说明为什么精英们强烈要求认可民间借贷。为此，他们将"地下金融"的出现归因于银行更倾向为国企提供借贷，而对私企的借贷设置较高门槛。

4）作为再情景化的转述

再情景化是将文本从一个语境移出并置其于另一语境的话语策略。话语在被再情景化的过程中会产生新的意义，因此这也被认为是一种话语实践（van Leeuwen，2008）。在我们的语料中，许多引文被置于新的语境之中，这种新语境不是上下文，而是诸如新闻机构以及与这些机构相关联的意识形态这样的社会语境。比如，在新华社报道的那篇文章中，提到了八位专家的言论，这就是一种话语被再情景化的话语实践，因为这些专家对吴英案的解读在某种程度上被媒体机构用来与其自身的解读纠缠在一起。

再情景化的现象在博客的虚拟世界里更为常见，因为一个微博通常可以包含链接。

这些链接清楚地标明网址或名目,可跳转至另一篇微博或网页,使其获得上万的点击量。关于链接的作用,梅尔斯(Myers, 2010)认为它们可以提供更多的信息,也可以提供证据和证明,或者引起行动、答疑解惑,以及透露些另样的东西。梅尔斯同时指出,博客圈目前仍和"主流媒体"密不可分,而这对我们分析吴英案中的再情景化问题具有意义。一些微博将自己与权威部门、法律条文以及其他精英和专家的博客、微博相链接,实际上已将自己的微博置于他人的语境之中,这种话语的再情景化给自己的微博增加了分量,也使自己的微博更具有说服力。

4.2 互联网操作中的话语策略

在社会实践者通过新媒体发声的这个更大的语境里,我们可以更好地认识形成公共意见的话语策略。例如,就微博而言,被操作的话语策略在技术层面有网上发帖及在线投票,在社会层面有专家知识和声音的自下而上传播。

1)网络发帖

上文讨论过微博中的链接,除此之外,互联网技术提供的另一个优势是微博的网上发送功能。中国的微博与推特相似,是为大众提供的一个发言与信息共享的平台。2012年,中国约有 3.09 亿微博用户建立了个人实时信息共享空间,他们在每条 140 字的限制内上传并更新信息,广泛而快速地在各自的粉丝群中传播。

网上发帖覆盖面广,这在很多方面产生影响。最明显的一点是它可以快速地向不同社区的所有成员发送信息。当张维迎在第十二届中国企业家论坛上发表演讲时,有关他演讲以及听众长达一分钟掌声的消息已经被成千上万人看到了,这还不包括随后的网友评论。通过微博广泛而快速传播的信息引起了博客用户们对这个有争议案件的注意和兴趣。同时,网上关于此案的广泛发帖不断地带来可供讨论的新话题。例如,新华社的报道也提到,名为"吴英案舆论汇总"的微博每天以极高的频率更新相关信息。这不仅促使讨论持续发展,同时也归纳了不同的见解。在这个意义上,通过微博在网上实时发送的最新信息导引着争论的发展方向。

2)在线投票

在线投票看上去与网络发帖相似,但又不尽相同,前者可以让意见更为集中。如果网络发帖是不断地提出问题并将各种问题广泛传播的话,那么在线投票则从相反的方向操作使各种意见趋于一致。就吴英案而言,在线投票提出的问题简单而直接:你认为吴英是否当判死刑?徐昕在其微博发起在线投票后短短数日就有两万人参与了投票,其中94%的人认为不应当判死刑。投票的结果清晰地表明了公众的意见,并缩小了公共意见的范畴。

Web 2.0 的技术让在线投票成为可能,这也使人们在接受信息的同时发出信息。轻点鼠标，在多个选项中点击一个，人们便可以针对某个事件表达自己的看法，许多人的选项也迅速地被归纳成一个统计数据。这个数据化的结论进而通过微博在许多群体中传播开来。在吴英案中，绝大多数（94%）不赞同判吴英死刑的投票结果在转发过程中被更多的人所知晓。投票结果如此迅速地传播得益于互联网技术，正因为如此，投票结果催生的公共意见也变得既为人所知又有影响力。

3）专家之影响

从公共领域的概念来看，公众是关键，这当然和公共意见源自公众有关，但这也不是全部原因。在关于吴英案的讨论中，我们发现公众本身对公共意见的形成就具有分量。例如，专业人士的知识、社会精英的声望甚至是年长专家的年龄，一旦获得认可，都会成为影响公共意见形成的象征力量。在博主当中我们看到很多"大名"，包括李开复、潘石屹、薛蛮子、张维迎、徐昕等等，不胜枚举。这些名字和许多标签同行，如教授、专家、经济学家等等，而这些标签则一方面显示其身份的权威性，另一方面预示其意见的正确性。在这方面，甚至年龄也是一个可以被利用的资源。例如，有媒体在报道张思之写公开信为吴英说情的新闻时，提到了他的姓名、年龄（85 岁）以及"中国最伟大的律师""法学界的老前辈"等称号。所有这些人士的"大名"、有声望的教授和受人尊敬的长者都被用作一种符号象征，以显示大腕们所表达意见的正确性和权威性。这种话语策略之所以能发挥作用，是因为它们迎合了中国人尊重长者及信任专家的文化传统。

4）声音自下而上传播

互联网不仅为具有较高社会地位的专家，也为草根人群及普通网民提供了便捷的渠道。草根博客主及微博主数量巨大，他们无需别人许可就可以在网上发表意见，而且在发表意见和评论时非常活跃。他们发帖的力量源自他们发帖的数量。然而，观察吴英案在互联网层面的操作，我们发现，在这些草根博主的言论产生更大的影响力之前，需要获得权威的认可。有几种途径可以获得这种认可，其中一种就是这些博主们不断向上将自己的看法推送给权威网站。换言之，草根博主们先在自己的微博发言，之后这些微博的内容推动给权威媒体，直到最后权威媒体重述并总结转引这些微博。只有在这个时候他们的微博才有影响。

比如，新华社在 2 月 6 日发文评论了八位微博主的观点。无论在受众数量、新闻来源还是公众形象等方面，新华社的分量与这些微博主的分量并不相当。简而言之，它们在话语的秩序（福柯，1984）层面存在差距。但是，微博主自下而上出现在新华社报道中的话语表明草根群体的意见不容忽视，一方面因为互联网时代让底层声音的表达变得容易，另一方面因为这些草根群体数量庞大。经主流媒体报道后，这些草根的意见便可以汇成潮流并变成主流。

除了新华社，新浪网是也是一个主流媒体。以上我们提到的微博、会议以及论坛之后都被新浪网这一主流媒体报道过。大众声音自下而上进行传播的可能性由两个原因造就：第一，互联网很容易链接到不同的网页；第二，这种链接在某种程度上掩盖了主流与草根之间的差异。在互联网的助力下，公共意见不断累积并发展，引起高层领导注意。关于吴英案一个特别的例子就是温家宝总理（2012 年 3 月 14 日）及最高法院发言人（2012年 2 月 7 日）都曾在访谈中提到此案。

5. 讨论：话语、互联网与公共领域

第四部分列出了我们在观察围绕吴英案展开的公众讨论时发现的一些话语策略。这一部分我们将讨论这些发现与话语、互联网及公共领域的关联。我们首先来看公共领域。

基于哈贝马斯关于公共领域的概念，我们认为吴英案与公共领域在许多方面有关联。就本研究而言，至少两种关联比较凸显：（1）这个话题及相关问题是大众所关心的，（2）公共讨论的参与者具有社会属性。就第一个关联而言，可以发现许多讨论的问题都是当时的热点问题。从法律角度来看，涉及的问题包括吴英的集资是否有罪，如果有罪，是否当判死刑。也有些问题与经济相关，例如有经济学家指出，像浙江省这类经济发展迅速的地区，从亲戚朋友处集资为当地的经济繁荣做出了贡献。涉及多个领域的讨论表明公众（包括专家与社会精英）对此案的关注。这些经济学家、律师以及专家并非仅是自然人，相反，他们具有社会和机构的属性，换言之，他们通过他们拥有的知识、社会地位以及由名声和年龄体现的威望发挥着自身的社会影响力。

吴英案与公共领域的这两种关联似乎满足了科勒与沃达克（Koller & Wodak，2008）所定义的公共领域的两大特点：公共领域一方面涉及了少数专家（该案例中的经济学家、律师、编辑等等），另一方面，公共领域又是与每个人都相关的事情，它让人不得不主动深入地思考它。我们观察到，围绕此案专家与社会精英在一系列问题上表达自己的观点，经由讨论中的理性思维，参与者最终使各家的观点形成一致认可的公共意见。

科勒和沃达克（Koller & Wodak，2008：2）描述了哈贝马斯发现的 19 世纪中产阶级聚集在一起并参与到与双方利益相关的关键问题的理性讨论中。围绕吴英案的公共讨论实际上与这个描述非常相似。公共讨论就像哈贝马斯（1996：83）进一步指出的："我们将意图转换为比率，反映出个体观点如何就与大多数人切身利益最相关的方面达成共识。"（引自 Koller & Wodak，2008：2）在这个意义上，围绕吴英案的公共讨论可以被认为是一个公共领域，它与局限于类似家庭这种较小范围的私人领域形成对比，在本质上形成一个社会网络，借以传播信息与观点，并最终将这些信息与观点转化为公共意见。然而，我们的研究所强调的是围绕吴英案进行讨论所使用的话语策略。我们发现，这些

参与者利用的话语策略不论是语言层面的还是与互联网相关的新媒体层面的，都在促成公共意见达成共识的过程中发挥了作用。从话语研究的角度来看，这是社会活动者参与社会实践的常见形式。

公共辩论在中国不是新鲜事物。中国有句老话叫"真理越辩越明"，它在历史上常被提及。为了更好地理解事实真相，无论理论的还是实践的，都需要进行辩论。然而，公共领域的概念在近年来才逐渐为国人所知。其中有两个原因：一是人们对于表达自己的观点的意识更强了（政治环境对言论也越来越宽容了），二是 Web 2.0 技术进入人们的社会生活也使得人们随意地发声成为可能。第二个原因极大地促进了中国公共领域的出现与发展，我们称之为互联网公共领域（见第三部分）。Web 2.0 技术让人们不仅能够通过博客、微博等新媒体接收信息，同时能够传播信息。在吴英案中，这一技术为网民参与民主对话并形成公共意见提供了更多机会。正如第四部分指出的，网络发帖与在线投票这种话语策略都与互联网紧密相关。因此，我们可以谨慎地认为 Web 2.0 技术和与之相关联的新媒体促进了公共领域的产生。

最后，我们来看话语。我们在第四部分总结了话语策略，并且注意到社会精英利用话语策略在公共领域中形成公共意见。这些话语策略实现了话语的构建特征。我们承认，就形成公共意见而言，所列举的话语策略并不是全部。顾（Ku，1999）在观察香港 1992～1994 年政治体制改革过渡中形成公共意见的叙事特点时认为，虽然有些公共意见体现在公共话语之中，但大部分公共话语呈现出叙事的形式，通过叙事结构将人类过去、现在及将来的一系列事件串联成有意义的整体（Ku，1999）。与在叙事中完成公共意见的形成和发展不同，我们的研究强调社会活动者有意地运用话语策略来发表意见。话语策略是一个或多或少有意要实现某个具体的社会、政治或语言目的的行动计划，是语言运用的系统方式（Wodak，2001）。在此基础上，我们强调话语策略在形成公共意见过程中的意图性。从上面的分析可以看出，张维迎公共演讲中的修辞方式、微博中的链接以及在线发帖和投票无不在意图的操纵下进行。其他话语策略，如关系过程的动词句型、情态以及自下而上的发声，虽然意图性的操控成分并不明显，但这也仅是一种感觉的程度问题。毫无疑问，这些话语策略同样有助于实现某个社会和政治目的，比如呼吁取消对吴英的死刑判决。

6. 总结

通过观察 2012 年 2 月至 3 月间中国大陆关于吴英案的公共讨论，我们探究了在公共意见形成过程中以及在互联网操作层面使用话语策略的问题，发现新媒体通过话语的社会实践促成了公共领域的发展。我们将这个发现具体表述如下：

1）新媒体技术对中国公共领域的发展至关重要。这点在吴英案中非常明显：各种声音凝聚在一起最终形成了公共意见。共识的达成得益于新媒体传播速度快、覆盖范围广及极具说服力的特点。新媒体使人们不必由于面对面交谈可能产生的尴尬而难为情，因而起到了鼓励人们参与讨论和自由发声的作用。

2）话语策略对中国公共领域的形成有重要影响。话语是一种社会实践，因而话语策略不仅仅是语言使用的策略，而且涉及互联网操作中使用语言的问题。就前者而言，我们发现了及物性、情态、修辞手段以及转述等话语策略；就后者而言，我们发现了在线发帖、投票、专家的影响力以及自下而上的发声这些话语策略。所有这些策略都有助于理解公共领域中的话语实践。

3）新媒体与话语策略虽然重要，但脱离了参与者的象征力量也无法发挥如此重要的作用。在关于吴英案的辩论中，专业人士运用自己的知识与专业特长进行理性论辩。他们的社会声望与地位令自己的观点自下而上形成主流，进而引起高层的注意。如果参与的人不是这些社会精英，这场公共讨论的结果未必可知，但是，我们已经知道，如果不去研究社会活动者在话语实践中的作用，我们就不会有任何有意义的发现。

4）社会活动者具有影响力，这也解释了在关于吴英案的公共讨论中公共意见为何可以达成一致的问题。一般情况下，由于公共意见最终会是"公正与正确"的，所以在互联网公共关系这一语境中，涉及公众关心的社会问题的讨论可以形成一种对话性的理解。但是，关于吴英案共识的达成不仅仅通过公共讨论实现，正如此项研究所显示的，社会精英的象征性力量不容忽视，在公共领域开始形成时尤其如此。

注释：

① 本文译自《当代中国话语与中国社会实践》（Tsung & Wang. 2015. *Contemporary Chinese Discourse and Social Practice in China*. Amsterdam: John Benjamins Publishing Company）第三章（27-44 页）。原标题为 "Discourse and public sphere in China: A study of the Wu Ying lawsuit case"。感谢原书出版社和原文作者授权翻译出版该文的中文译本。

参考文献：

Chilton, Paul, Tian, Hailong, & Wodak, R. 2010. Reflections on discourse and critique in China and the West. *Journal of Language and Politics*, 9(4): 489-507.

Chouliaraki, Lilie, & Fairclough, N. 1999. *Discourse in Late Modernity: Rethinking Critical Discourse Analysis*. Edinburgh: Edinburgh University Press.

Fairclough, N. & Wodak, R. 1997. Critical discourse analysis. In Teun A. van Dijk (eds.).

Discourse as Social Interaction. London: Sage Publications, 258-284.

Fowler, R. 1991. On critical linguistics. In Tian, Hailong, Zhao Peng (eds.). *Critical Discourse Analysis: Essential Readings*. Tianjin: Nankai University Press, 3-15.

Habermas, J. 1999. *The Structural Transformation of the Public Sphere: An Inquiry into the Category of Bourgeois Society*. Cambridge, Mass: MIT Press. Chinese Trans. by Cao Weidong et al. Shanghai: Xuelin Press.

Hall, Stuart. 1997. The work of representation. In Stuart Hall (ed.). *Representation: Cultural Representations and Signifying Practices*. London: Sage in association with The Open University.

Halliday M. A. K. 1994/2000. *An Introduction to Functional Grammar*. Beijing: Foreign Language Teaching and Research Press & Edward Arnold.

Koller, V. & Wodak, R. 2008. Introduction: Shifting boundaries and emergent public sphere. In Ruth W. & Veronika K. (ed.). *Handbook of Communication in the Public Sphere*. Berlin and New York: Mouton de Gruyter, 1-17.

Kong, K. C. C. 2001. Marketing of beliefs: Intertextual construction of network marketer's identity. *Discourse and Society*, 12(4): 473-503.

Ku, A. S. M. 1999. *Narratives, Politics, and the Public Sphere: Struggles over Political Reform in the Final Transitional Years in Hong Kong (1992-1994)*. Aldershot: Ashgate.

Myers, G. 2010. *Discourse of Blogs and Wikis*. London and New York: Continuum.

Thompson, G. 2008. *Introducing Functional Grammar* (2nd edition). Beijing: Foreign Language Teaching and Research Press and Hodder Arnold.

van Leeuwen, T. 2008. *Discourse and Practice: New Tools for Critical Discourse Analysis*. Oxford: Oxford University Press.

Wodak, R. 2001. The discourse-historical approach. In Ruth W. & Michael M. (eds.). *Methods of Critical Discourse Analysis*. London: Sage Publications, 63-94.

Wright, S. 2008. Language, communication and the public sphere: Definitions. In Ruth W. & Veronika K. (eds.). *Handbook of Communication in the Public Sphere*. Berlin and New York: Mouton de Gruyter, 21-43.

彭垒，2007，中国近代报刊公共领域形成的首次成功尝试：邹韬奋和《生活》《大众生活》的信箱栏目，《江西财经大学学报》，第 1 期，116-120 页。

王笛，1996，晚清长江上游地区公共领域的发展，《历史研究》，第 1 期，5-16 页。

严利华，2010，公共领域理论在中国的发展及其思考，《湖北社会科学》。第 4 期，33-35

页。

张常勇，2012，移植话语的本土建构：哈贝马斯"公共领域"概念的中国境遇，《新闻传播》，第 4 期，208-211 页。

周松青，1998，公共领域与上海地方自治的起源，《档案与史学》，第 1 期，37-44 页。

Discourse and Public Sphere in China: A Study of Wu Ying's Lawsuit Case

Tian Hailong, Tianjin Foreign Studies University

Abstract: This article examines the public debate over Wu Ying's lawsuit case during February and March 2012. In particular, it investigates discursive strategies the public makes use of to form the public opinion and to operate with the Internet. Starting from the CDA premise that discourse is constitutive in the social practice and Habermas' conceptualization of public sphere, the article further brings the discursive strategies deployed into a discussion in relation to the complex of discourse and development of public sphere in China. It is found that the Internet-related new media devices contribute to the development of public sphere in China, and its contribution is facilitated by the deliberate use of discursive strategies as social practice.

Key words: discourse, public sphere, new media, strategies, law

作者简介：

田海龙，男，博士，教授，博士生导师。研究方向：社会语言学、话语研究。

译者简介：

尹佳，女，讲师，博士生。研究方向：话语研究、翻译研究、新闻传播学。

《话语研究论丛》第三辑
2016 年
第 108-121 页
南开大学出版社

批评话语分析中的语料库语言学方法*

◎ 韩存新　　集美大学外国语学院
◎ 赵巧容　　厦门大学外文学院

摘　要　用语料库语言学方法来进行批评话语分析可以弥补批评话语分析中实证证据严重不足的缺陷。本文简介了批评话语分析中采用的语料库语言学方法，还通过几个研究实例对频率分析、索引、语义韵以及主题词等语料库语言学方法如何应用于批评话语分析做了重点介绍。

关键词　批评话语分析；语料库语言学；频率分析；索引；语义韵；主题词

1. 引言

批评话语分析（Critical Discourse Analysis，简称 CDA）旨在通过探索话语和社会文化形态之间隐藏的权势关系来揭露话语中的不平等、意识形态、不公正、歧视和偏见，但是由于它"对于话语的解释缺少充分、客观、系统的语言证据而受到诸多批评"（唐丽萍，2011：46）。Stubbs（1997）认为，基于语料库的 CDA 研究可以弥补 CDA 缺乏大量实证证据之缺陷。将语料库语言学（Corpus Linguistics，简称 CL）应用于 CDA 研究在国外早已开始。例如，有些话语研究者使用语料库来分析政治语篇（如 Flowerdew，1997；Fairclough，2000；Piper，2000；Partington，2003；Salama，2011）、教育教学语篇（如 Stubbs & Gerbig，1993；Wikens，1998；Mulderrig，2011，2012）、科技写作（Atkinson，1999）以及新闻媒体语篇（van Dijk，1991；Morrison & Love，1996；Caldas-Coulthard &

──────────

* 通讯作者：韩存新
　联系地址：福建省厦门市（361005）集美区银江路 185 号，集美大学外国语学院
　电子邮件：hancunxin@126.com
　基金项目：集美大学博士启动金资助项目，项目名称：英汉语义韵对比研究，项目编号：Q201504

Moon，1999；Charteris-Black，2004；Baker，2012；Kim，2014；Hansen，2016）。这些研究都表明语料库分析可以更有效地揭示意识形态。Lee（2008：90）甚至预测"语料库语言学方法或许会成为未来 CDA 研究的标准方法"。反观国内，只有少数学者对 CL 与 CDA 相结合的理论基础和研究空间做了介绍和阐述（参见钱毓芳，2010；唐丽萍，2011），而对方法论的讨论则更少见，一般都是附带提及而已。为此，本文首先概述了语料库语言学与批评话语分析融合的理论基础，然后结合具体的研究实例重点介绍了基于语料库的 CDA 研究的一般方法，如频率分析、索引、语义韵、主题词等研究方法；最后，笔者对未来基于语料库的 CDA 研究之发展趋势做了预测。

2. 理论背景

2.1 基于语料库的话语分析

　　基于语料库的话语研究至少有两方面优势：一是语料库作为数据库，容纳了大量的（往往具代表性的）某类话语的集合。从中发现的语言事实、话语特征相对于少量文本，更能推而广之；其次，语料库分析方法中有其相对成熟的语言特征提取和统计方法，可以帮助发现和回答话语现象之间的关联、差异等问题（许家金，2010：12）。另外根据 Baker（2006：10-14）的观点，基于语料库的量化分析为主的方法可减少研究者的主观偏见和发现大量话语中呈现出的累积效应（incremental effect of discourse，即通过大量文本发现重复话语现象）。不过，基于语料库的话语分析也存在着一些局限，例如：对语言的描写局限于词项、对话语现象的分析解读比较主观、偏爱研究计算机容易提取的形式特征等等（许家金，2010）。

2.2 语料库语言学与批评话语分析结合的理论基础

　　语料库与话语研究相结合有其内容和方法上的合理性。它们都关注使用中的真实语言，语料库研究和话语研究都兼涉语言内容（linguistic data）和分析工具（analytical tool）两层含义（许家金，2010：12）。唐丽萍（2011：44-45）认为CDA与CL对话的重要基础有三个：第一，它们都承认语言的社会属性，因此也都将自然发生的语篇作为研究对象；第二，CL的优势在于能够对意义的累积效应进行定量研究，这是吸引CDA与之对话的重要条件；第三，它们都把词汇和语法共选关系的整合描述作为研究起点。唐丽萍还认为，Sinclair的"扩展词汇单位"（Extended Lexical Units）理论"对利用CL开展CDA研究具有关键的指导和推动作用"（唐丽萍，2011：45）。该理论将词汇和句法看作同一层面的语言现象，包括了从具体到抽象的四个变量，即搭配（collocation）、类连接（colligation）、语义倾向（semantic preference）和语义韵（semantic prosody）。尽管CL是CDA研究的利器，但是唐丽萍同时也发现"CL工具尚难以进行高级阶（rank scale）的词汇语法分析，在CDA中的作为空间主要在于低级阶的词汇语法分析······而词汇选择隐含的意识形态意义是CDA的主要研究内容之一"（唐丽萍，2011：47）。

3. 语料库和语料库分析软件

国内在 CDA 研究中使用语料库的学者之一是纪玉华教授，他于 2006 年完成了题为《跨文化交际研究和教育中的批评性话语分析：英美政客及中国领导人在跨文化语境中的讲话分析》的博士论文，他自己创建了"英美及中国领导人在跨文化语境演讲语料库"，所谓"英美及中国领导人在跨文化语境中的演讲"，指的是他们在访问外国或邀请外国领导人到本国来访时所作的演讲（纪玉华、吴建平，2008：22）。该研究使用的语料库共收集演讲 254 篇，库容达到了 49 万形符，并且该语料库还在进一步扩充和完善之中。该语料库根据演讲受众的不同，又划分为三个子库，即：（1）英美领导人与资本主义发达国家进行跨文化交际的演讲库（标为 WEST-WEST 演讲库，简称 W-W），含演讲 146 篇，共 187425 词；（2）英美领导人与发展中国家进行跨文化交际的演讲库（标为 WEST-EAST 演讲库，简称 W-E），含演讲 103 篇，共 255460 词；（3）中国领导人访问英美时的演讲及部分英译文本（标为 EAST-WEST 演讲库，简称 E-W），含中文演讲 5 篇，英译文 3 篇，共 28299 中文词和 17345 英文词。这三个子库还可以细分为英国、美国，乃至以演讲者为单位的专题语料库，共 15 个（参见纪玉华，2007：30-32）。为了详细介绍语料库语言学方法在 CDA 中的应用情况，在本文下面列举的研究实例中，笔者使用的对比语料库是英国国家语料库（BNC），采用的语料库软件是 Wordsmith 4.0，检索跨距设置为 -5/+5（注：Wordsmith 默认的跨距为 -5/+5，如果搜索三词词丛的话，则应将跨距重新设定为 -2/+2）。

4. 研究方法举例

4.1 频率分析

频率是语料库分析中最核心的概念（Baker，2006：47），它可以"揭示社会的关注热点"（Hunston，2006：118）。Stubbs（1996：169）发现："对于反复出现的措辞的研究在语言和意识形态的研究中具有中心意义，能够为文化是如何通过词汇型式表达的提供实证性证据"。语料库分析软件为频率分析提供了三种工具：词表（wordlist）、词丛（cluster）和分布图（dispersion plot）。它们分别可以概括单词、词组的词频以及节点词在文中的频率分布趋势。它们的作用是凸显语篇中那些反复出现的词汇现象并用直观的图表体现出来。因此，它们有利于显示话语内容的焦点，揭示作者/说话人的动机，从而有利于揭示隐藏在话语中的核心意识形态。下面我们将分别举例。

4.1.1 词表

词表对于把握文本反复出现的词汇非常重要。它有助于我们了解文本词汇的总体趋势。本节我们将对比 W-W 语料库和 W-E 语料库的词表，试图找出二者之间在词汇方面的主要差异，从而揭示英美领导人在 W-W 语境和 W-E 语境演讲中的意识形态差异。限于篇幅，下面仅显示 W-E 的词表统计图（图 1）。以单词 THE 为例，图 1 的第 1 列显示的是单词，第 2 列显示 THE 在语料库中出现了 15450 次，第 3 列显示 THE 的出现频率占语料库总词数的 5.98%，第 4 列显示 THE 出现在一个文本当中，第 5 列显示该文本构成了语料库的 100%，第 6 列显示的是词元表（lemma list）。Wordsmith 工具可以提供按字母和按频率进行的两种索引方式。按频率索引的词表可以比较直观地展示那些高频词汇。除了一些专有名词，如 PRESIDENT、MINISTER、AMERICA 等，我们发现在 W-E 语料库中，最常用的十个名词分别是 PEOPLE（1306）、WORLD（959）、CHINA（722）、COUNTRIES（537）、COUNTRY（514）、TODAY（478）、EUROPE（455）、YEARS（451）、PEACE（428）和 FREEDOM（392）。而在 W-W 语料库中最常用的十个名词是 WORLD（724）、PEOPLE（696）、EUROPE（543）、PEACE（396）、TODAY（382）、FREEDOM（369）、TIME（332）、YEARS（326）、NATIONS（322）和 COUNTRIES（276）。比较 W-E 与 W-W 语境中最常用的十个名词，我们发现，它们有许多相同点，比如 PEOPLE、WORLD、EUROPE、PEACE、YEARS、TODAY 和 COUNTRIES。但是也有很多差异，比如 W-E 语境中比较突出的单词有 CHINA，说明英美领导人在 W-E 语境中对中国的关注度比较高。另外 PEACE 和 FREEDOM 在 W-E 中的排名第 9 和第 10 要低于 W-W 语境中的第 4 和第 6。这是因为英美领导人在对西方发达国家演讲时的主要目的是巩固和加深他们对共享价值观（如民主、和平）的认同。EUROPE 在 W-W 中的排名第 3 要远远高于 W-E 中的第 7，这与语料库的构成有关。W-W 子库收集的是针对资本主义发达国家进行的演讲，而这些西方发达国家又大部分来自欧洲，因此语料库中 EUROPE 出现频率较高就不足为奇。另外一个解释是，EUROPE 的高频率体现了美国对于欧洲这个主要竞争对手的关注。因此，我们可以得出结论，美国在 W-W 和 W-E 语境中密切关注的区域分别是欧洲和中国。

		Word	Freq.	%	Texts	%	emmas	Set
1		THE	15,450	5.98	1	100.00		
2		AND	9,917	3.84	1	100.00		
3		OF	9,009	3.48	1	100.00		
4		TO	8,268	3.20	1	100.00		
5		IN	5,870	2.27	1	100.00		
6		A	5,719	1.90	1	100.00	an[797]	
7		THAT	4,822	1.72	1	100.00	se[372]	
8		WE	3,669	1.42	1	100.00		
9		I	3,284	1.27	1	100.00		
10		IS	3,238	1.25	1	100.00		
11		FOR	2,469	0.96	1	100.00		
12		OUR	2,436	0.94	1	100.00		
13		YOU	2,389	0.92	1	100.00		
14		HAVE	2,169	0.84	1	100.00		
15		#	2,065	0.80	1	100.00		
16		IT	1,926	0.74	1	100.00		
17		THIS	2,309	0.72	1	100.00	se[440]	
18		PRESIDENT	1,781	0.67	1	100.00	nts[41]	
19		AS	1,685	0.65	1	100.00		
20		ARE	1,668	0.65	1	100.00		
21		WITH	1,625	0.63	1	100.00		
22		ON	1,465	0.57	1	100.00		

图 1　W-E 语料库词表

4.1.2 词丛

"词丛"指的是文本中连续出现的多词单位。Wordsmith 工具可以统计长度为 2-8 的词丛。通过观察词丛，研究者既可以发现与节点词经常共现的词语，也可以发现文本当中哪些词丛反复出现。本节选用的是 George Bush 在 W-E 语境下的演讲语料库。我们将调查在演讲中常常出现的"自由"类词汇，包括 FREE、FREEDOM、LIBERTY 及其屈折形式。图 2 显示的是按照频率索引的"自由"类词汇的三词词丛，最小出现频率设置为 5，跨距设置为-2/+2，共获得 17 个词丛。通过观察以下词丛，我们发现 freedom 总是跟 democracy、peace、cause 等词连用，如 freedom democracy and（8）、freedom and democracy（6）、democracy and freedom（6）、peace and freedom（5）、cause of freedom（6）。可见，在 Bush 的眼中，freedom 是一项事业，并且与 democracy、peace 等是紧密相关的。另外，我们还发现 free 总是和 market、fair 连用，其中与 market 的搭配最为频繁，如 free market economy（6）、a free market（5）、the free market（5）、free markets and（5）。由此推断，Bush 演讲的重点是 free market。而与 liberty 相关的三词词丛只有 and economic liberty（6），可见，经济的自由也是 Bush 的关注点之一。最后，whole and free 出现了 13 次，扩展语境后发现，它们无一例外地都是在表达一个自由统一欧洲的愿望。例如：And we want Poland and its neighbors to join with us in building a Europe whole and free。综合以上分析，我们可以看出 Bush 在 W-E 语境中演讲的意识形态是强调自由、民主、和平的重要性，力促自由经济和自由市场的实现，盼望看到一个自由统一的欧洲。

	Cluster	Freq
1	WHOLE AND FREE	13
2	OF FREEDOM AND	9
3	FREEDOM DEMOCRACY AND	8
4	FREEDOM AND DEMOCRACY	6
5	OF FREEDOM IN	6
6	FREEDOM FOR THE	6
7	FREE MARKET ECONOMY	6
8	CAUSE OF FREEDOM	6
9	AND ECONOMIC LIBERTY	6
10	DEMOCRACY AND FREEDOM	6
11	A FREE MARKET	5
12	THE FREE MARKET	5
13	TO FREEDOM AND	5
14	PEACE AND FREEDOM	5
15	FREE MARKETS AND	5
16	FREE AND FAIR	5
17	AND FREEDOM AND	5

图 2 "自由"类词汇的三词词丛

4.1.3 分布图

分布图可以直观地显示节点词在文件中的位置以及出现的频率。如图 3 所示，第一栏显示的是文件名，第二栏显示的是文件的总词数，第三栏显示的是搜索结果，第四栏显示的是每 1000 词中所包含的节点词数，第五栏显示的是分散指数，第六栏显示的是节点词在文中的分布图。需要注意的是：分散指数值的范围是 0-1。当分散指数为 0.9 或 1 时，表明节点词在文中分布非常均匀。当分散指数为 0 或 0.1 时，标明节点词在文中的分布属于突发性事件。图 3 1-10 行和 11-19 行显示的分别是"自由类"词汇在 W-E 和 W-W 语境中的分布情况。W-W 语境中之所以比 W-E 少一行，是因为"freest"在 W-W 语境中的记录为零。从图 3 可以看出，无论是在 W-W 语境还是在 W-E 语境中，分布最密集的两个"自由"类词汇都是 free 和 freedom，而且 freedom 的出现频率要远高于 free。在 W-W 语境中，freedom/free 的每千词出现频率为 1.53/1.13。在 W-E 语境中，freedom/free 的每千词出现频率为 1.97/1.48。综合其他自由类词汇，"自由"类词汇在 W-E 和 W-W 语境中的每千词总出现频率是 3.12/4.11。可见，英美领导人在 W-W 语境中使用的"自由"类词汇要远远多于 W-E 语境。这个结果也从侧面印证了 3.1.1 节的结果。3.1.1 节发现 FREEDOM 在 W-W 中的频率排名（第 6）要高于它在 W-E 中的排名（第 10）。这都是因为英美领导人在 W-W 语境中演讲的主要目的是巩固与西方国家的联盟关系，强化对西方自由、民主、和平价值观的认同。从分散指数来看，free 无论是在 W-W 语境还是在 W-E 语境中分布都最均匀，分散指数分别是 0.882/0.865。其次较高的是 freedom，在 W-W

和 W-E 中的分散指数分别是 0.780/0.846。再次是 liberty，分别是 0.613/0.852。从分散指数我们看出，英美领导人无论是在 W-W 语境还是 W-E 语境中，使用的"自由"类词汇都非常均匀，应该是有意识地使用，而不是突发事件或偶然事件。这说明英美领导人在演讲中的意识形态宣传意识非常强。

	File	Words	Hits	per 1,000	Dispersion	Plot
1	cians w-e].txt free	55,460	288	1.13	0.865	
2	ians w-e].txt freer	55,460	6	0.02	0.767	
3	w-e].txt freedoms	55,460	16	0.06	0.753	
4	w-e].txt freedom's	55,460	2		-0.069	
5	ns w-e].txt freest	55,460	1		-0.069	
6	ns w-e].txt liberty	55,460	84	0.33	0.852	
7	s w-e].txt liberties	55,460	3	0.01	0.478	
8	ns w-e].txt freeing	55,460	4	0.02	0.596	
9	ians w-e].txt freed	55,460	6	0.02	0.553	
10	w-e].txt freedom	55,460	392	1.53	0.846	
11	-w].txt freedom's	87,425	10	0.05	0.446	
12	ians w-w].txt free	87,425	277	1.48	0.882	
13	w-w].txt freedom	87,425	369	1.97	0.780	
14	w-w].txt freedoms	87,425	20	0.11	0.709	
15	ians w-w].txt freer	87,425	5	0.03	0.550	
16	ns w-w].txt liberty	87,425	79	0.42	0.613	
17	w-w].txt liberties	87,425	6	0.03	0.300	
18	s w-w].txt freeing	87,425	1		-0.069	
19	ans w-w].txt freed	87,425	3	0.02	0.250	

图 3　W-W 与 W-E 语料库的"自由"类词汇分布图

4.2 索引

KWIC（Key Word in Center），即节点词中心显示，是语料库语言学的创造。它能够直观地显示搭配的使用语境。在上一节 Bush 在 W-E 的语境中频繁使用了 whole and free 这个三词词丛。为了更清楚地了解这个词丛到底用于什么样的语境中，我们可以借助语料库索引来观察其语境。我们在语料库中检索了 whole and free，一共得到 13 条索引行。限于篇幅，下文只列了其中的 10 条。

[1] every culture can flourish and breathe free—**a Europe whole and free**.

[2] and breathe free—**a Europe whole and free**. President Havel, Czechoslovakia

[3] with us in building **a Europe whole and free**. Once again, Mr. Prime Minister,

[4] come once more for Poland to live in freedom, for **Europe to be whole and free**.

[5] in freedom, for **Europe to be whole and free**. Mr. Prime Minister, I assure you all

[6] cooperation in **a Europe whole and free.** Mr. President, you deserve great credit

[7] wish—that **Europe be whole and free**. In my first moments as President,

[8] of our children, will be **open, whole, and free**. We can make it so in two ways.

[9] for making **Europe whole and free** and at peace with itself. We want Poland to

[10] want **Europe to be whole and free**. A more democratic Poland can be a more

观察以上索引行，我们可以清晰地看到：whole and free 的语境非常相似，都是表达一个自由、统一、开放的欧洲的愿望。语料库索引是扩展语境观察的主要手段。通过Wordsmith 工具我们可以非常方便地查看扩展的语境，包括节点词所在的索引行、段落甚至全文。

4.3 搭配

搭配指的是"词语的习惯性结伴行为"（Firth，1957：195）。而搭配研究"是语料库语言学中最为活跃的研究领域，处于它的中心地位"（杨惠中等，2002：82）。"搭配之父"Firth曾经有一句名言：We shall know a word by the company it keeps（由词伴知其词）。透过一个词的搭配词，我们可以了解它的关系网络。而一个词与另一个词搭配力的强弱可以反映出它们关系的强弱。如果某种搭配被重复使用而变成固定词组的时候，那么就代表着人们在按照词语关联的那种方式来思考问题。比如，Stubbs（1996：195）发现，illegal在媒体讨论中常常与immigrant搭配使用，并逐渐成为不可分割的固定词组。这种现象的存在有可能会误导人们不加思考地去斥责移民现象，并且进一步认为所有移民都是非法的。可见，对词语搭配的分析可以透视人们的思维方式和了解他们对事件的态度，从而揭示他们的意识形态。本节我们将利用W-W和W-E子库对演讲中的常用词BUILD的搭配进行一次对比研究。其目的是想找出：（1）英美领导人在W-W和W-E中各提出什么样的建设内容？（2）二者之间是否有共同点和差异？（3）以上这些共同点和差异的原因是什么？我们在W-W和W-E中分别找到37/77个BUILD的搭配词，但其中只有22/40个是显著搭配词（MI≧3）。图4和图5显示的是BUILD在W-W和W-E中的显著搭配词。以图4为例，图中各栏分别显示搭配词、节点词、用MI值测量的搭配强度、共现频率、搭配词位于节点词左边的频率及搭配词位于节点词右边的频率，接下来的11列显示搭配词具体的距位。由于功能词对本研究的意义不大，因此我们只列出BUILD在W-W和W-E中的实词显著搭配词。在W-W中BUILD的实词显著搭配词按照MI值从高到低排列分别是：BETTER、NEW、MUST、PEACE、HELPED、HELP、US、WE和FUTURE，而在W-E中是LASTING、FOUNDATION、BRIDGE、NEW、RELATIONSHIP、TOGETHER、LET、HELP、ECONOMY、WE、CHINA、OUR、PEOPLE、FREE、BETTER和WORLD。通过比较这两组显著搭配词，我们有以下发现：（1）名词：W-W与W-E没有共享的名词。前者独有的名词有PEACE和FUTURE，而后者独有的名词有FOUNDATION、BRIDGE、RELATIONSHIP、ECONOMY、CHINA、PEOPLE、WORLD和DEMOCRACY；（2）动词：二者共享的动词有HELP，后者独有的动词有LET；（3）形容词：二者共享的形容词有BETTER和NEW，W-E独有的形容词有LASTING和FREE；（4）副词：W-W独有的副词有MUST，而W-E独有的副词是TOGETHER；（5）代词：二者共享的代词有WE，W-W独有的代词有US，而W-E中独有的代词有OUR。综上所述，BUILD在W-W和W-E语境中的显著搭配词之间存在着显著差异。通过这些搭配词，结合语境，我们大致可以勾勒出英美领导人在W-W中是想构建一个更好并且崭新的未来，使用MUST是想强调这件事的必要性，而HELP/HELPED的使用则是承诺帮助。使用WE、US有利于密切演讲者与听众的联系，从而获得听众在思想上的支持以及在论断上的认同。相比之下，英美领导人在W-E中是想构建与他国（特别是中国）的一种持久的新型关系、一座沟通的桥梁或基础，构建一个自由和更加美好的民主世界。尽管英美也承诺帮助，但LET和TOGETHER的使用表明更多的要依靠双方的努力。英美领导人在W-W和W-E演讲中在构建内容上的差异可以这样来解释。英美是当今西方资本主义体系的领导者，它们与西方发达国家在意识形态方面存在着许多共性，已有沟通的基础。因此，英美领导人在W-W语境中演讲时带有一定的领导色彩，比如：副词MUST的使用。另外，英美与西方发达国家的关系紧密，因此英美领导人在演讲时无需强调构建沟通的桥梁或基础，他们只是呼吁听众在原有的基础上更进一步，比如：BETTER和NEW的使用。而英美与发展中国家存在着国家体制和意识形态上的巨大差异，因此英美领导人在W-E中的演讲首先是要构建与他国的沟通基础，但最终的目的还是想建立起全球范围的西方资本主义体系，比如：FREE、DEMOCRACY、WORLD等单词的使用。

#	Word	With	elation	Total	tal Left	al Right	L5	L4	L3	L2	L1	Centre	R1	R2	R3	R4	R5
1	BUILDING	building	12.210	40	0	0	0	0	0	0	0	40	0	0	0	0	0
2	BUILD	build	11.644	67	2	2	1	0	1	0	0	63	0	0	1	0	1
3	BETTER	build	7.525	6	1	5	1	0	0	0	0	0	0	5	0	0	0
4	NEW	building	6.172	7	3	4	1	0	0	2	0	0	0	3	0	0	1
5	MUST	build	6.013	7	5	2	0	0	1	1	3	0	0	0	0	0	2
6	PEACE	build	5.977	5	0	5	0	0	0	0	0	0	1	0	2	2	0
7	HELPED	build	5.681	5	5	0	0	0	1	0	4	0	0	0	0	0	0
8	HELP	build	5.321	5	5	0	0	0	1	4	0	0	0	0	0	0	0
9	US	build	5.150	7	7	0	0	0	1	2	3	0	0	0	0	0	0
10	A	building	4.849	21	2	19	2	0	0	0	0	0	14	4	0	1	0
11	TO	build	4.603	47	42	5	2	2	2	3	33	0	0	2	0	3	0
12	ON	build	4.534	9	0	9	0	0	0	0	0	0	6	0	1	0	2
13	THIS	building	4.430	6	2	4	0	0	0	2	0	0	2	1	0	1	0
14	WE	build	4.396	19	15	4	0	1	2	9	3	0	0	0	0	1	3
15	AND	build	3.945	37	19	18	4	9	5	0	1	0	2	2	3	6	5
16	IS	building	3.804	7	3	4	1	0	0	1	0	1	1	0	1	0	1
17	FUTURE	build	3.790	5	1	4	0	0	1	0	0	0	1	2	1	0	0
18	OF	building	3.659	18	11	7	2	1	0	2	6	0	0	1	3	0	3
19	AS	build	3.654	5	3	2	0	2	0	1	0	0	1	0	1	0	0
20	THAT	build	3.554	12	5	7	2	1	1	1	0	0	2	2	0	1	2
21	WE	building	3.388	6	3	3	0	0	0	3	0	0	2	0	0	0	1
22	IN	building	3.295	9	5	4	0	1	2	0	2	0	1	0	1	1	1
23	TO	building	2.704	8	5	3	1	0	1	2	1	0	0	0	1	1	1
24	IN	build	2.055	6	4	2	4	0	0	0	0	0	0	1	2	1	
25	CAN	build	1.486	5	5	0	0	0	1	4	0	0	0	0	0	0	
26	OUR	build	0.757	8	5	3	0	2	2	1	0	0	0	0	1	2	
27	BY	build	0.188	5	0	5	0	0	0	0	0	1	0	2	2		
28	WORLD	build	0.102	8	2	6	0	0	0	0	0	0	1	4	1	0	
29	NEW	build	-1.035	8	1	7	0	0	1	0	0	1	5	1	0	0	
30	FOR	building	-1.165	6	6	0	1	0	1	0	4	0	0	0	0	0	
31	THAT	building	-1.416	7	4	3	2	1	0	0	1	1	1	0	0	1	
32	A	build	-1.996	33	3	30	0	3	0	0	0	25	2	0	2	1	
33	ARE	building	-2.144	8	7	1	1	0	1	0	5	0	0	0	0	1	

图 4　BUILD 在 W-W 中的显著搭配词

Concord
File Edit View Compute Settings Windows Help

#	Word	With	Relation	Total	tal Left	al Right	L5	L4	L3	L2	L1	Centre	R1	R2	R3	R4	R5
33	I	build	3.551	7	1	6	0	0	1	0	0	0	0	1	0	1	4
34	IT	building	3.314	6	1	5	1	0	0	0	0	0	3	1	0	0	1
35	FREE	build	3.286	6	1	5	0	0	0	1	0	0	1	1	2	0	1
36	THE	building	3.279	47	26	21	4	3	10	4	5	0	3	5	5	2	6
37	BETTER	build	3.260	9	0	9	0	0	0	0	0	0	0	6	0	2	1
38	FOR	building	3.178	7	3	4	0	0	1	0	2	0	0	1	1	2	0
39	YOU	build	3.163	12	9	3	2	0	0	3	4	0	0	0	1	0	2
40	WORLD	build	3.046	11	2	9	0	0	2	0	0	0	0	1	5	2	1
41	DEMOCRACY	build	2.955	5	0	5	0	0	0	0	0	0	1	0	3	0	1
42	AS	build	2.892	9	7	2	1	1	1	4	0	0	0	0	0	0	2
43	HAVE	building	2.879	5	4	1	2	2	0	0	0	0	0	0	0	1	0
44	US	build	2.876	16	13	3	1	3	4	3	2	0	0	0	2	1	0
45	BUT	build	2.875	5	4	1	0	1	0	3	0	0	0	0	0	0	1
46	THAT	building	2.842	10	6	4	2	2	1	1	0	0	1	1	0	2	0
47	IS	build	2.840	13	10	3	2	4	3	1	0	0	0	0	0	2	1
48	PEACE	build	2.793	11	1	10	1	0	0	0	0	0	1	1	4	1	3
49	STRONG	building	2.771	6	1	5	0	1	0	0	0	0	1	2	1	1	0
50	WITH	build	2.719	6	2	4	0	1	1	0	0	0	0	1	0	1	2
51	NEW	build	2.654	22	2	20	1	0	0	0	1	0	20	0	0	0	0
52	OF	build	2.418	27	12	15	5	5	1	1	0	0	0	1	10	3	1
53	FUTURE	build	2.083	11	2	9	2	0	0	0	0	0	0	1	5	0	3
54	WORLD	building	1.662	6	2	4	0	0	0	1	1	0	1	2	1	0	0
55	HAVE	build	1.312	6	5	1	0	2	2	1	0	0	0	0	0	0	1
56	CAN	build	1.116	16	15	1	0	0	1	3	11	0	0	0	0	0	1
57	EUROPE	building	1.090	7	2	5	1	1	0	0	0	0	0	2	2	0	1
58	ARE	build	1.059	5	5	0	2	0	2	1	0	0	0	0	0	0	0
59	IT	build	0.919	12	6	6	3	2	0	1	0	0	1	1	0	0	4
60	GREAT	build	0.790	6	4	2	0	2	2	0	0	0	2	0	0	0	0
61	PEACE	building	0.776	7	0	7	0	0	0	0	0	0	1	1	3	1	1
62	IN	build	0.564	21	10	11	3	4	2	1	0	0	0	0	0	4	7
63	SO	build	0.334	5	5	0	0	1	1	3	0	0	0	0	0	0	0
64	WHICH	build	0.285	13	8	5	1	1	1	3	2	0	0	0	3	2	0
65	WILL	build	0.176	12	10	2	0	0	0	4	6	0	0	0	0	1	1

图 5　BUILD 在 W-E 中的显著搭配词

4.4 主题词

所谓"主题词",就是通过比较两个不同大小的语料库,在所研究的语料库中频率超常的词语(李文中,2005:177)。Baker(2006:148)指出,主题词表是一个非常有用的工具,它可以引导研究者发现文本之间的重要词汇差异。本研究将采用主题词分析法,通过比较个别演讲与 BNC 语料库,从而得出个别研究中超常出现的词汇,从而凸显演讲者的演讲意图。本文所选的语料是英国首相 Tony Blair 于 2003 年 7 月 21 日访问日本时在东京所做的演讲。与之相比较的语料库是英国国家语料库 BNC。二者比较的结果如图 6 所示。第一列到第七列分别显示主题词、频率、主题词在语料库中的百分比、参照语料库中的频率、主题词在参照语料库中的百分比、主题性以及概率。从图 6 我们可以看出,除了一些代词,如 OUR、WE、THAT,以及一些专有名词,如 JAPAN、JAPANESE 以外,位于前十位的实词主题词分别是 GLOBALIZATION、ECONOMIC、WORLD、GROWTH、INVESTEMENT、FLEXIBILITY、STABILITY、CONVERGENCE、GREATER 和 INNOVATION。通过检索这些主题词并考察其扩展语境后,我们发现在此次演讲中,Blair 认为全球化是不可逆转的趋势;英国经济的高速发展得益于其经济制度的灵活性;英国和日本都是全球化的受益者,而不参与全球化则会导致失败,英国强调与日本的经济合作关系,并支持日本在经济和贸易全球化方面的改革,英日合作可以给世界带来更多的繁荣和稳定;日本放松对经济的管制,加强金融部门和企业重组是其经济健康增长的关键；全球化本质上是一种经济现象，因此强调发展经济的重要性，但同时全球化也具有政治意义，英国的目标就是促进全球政治价值观的融合以及保持宏观经济的稳定性；欧洲经济改革的中心是结构调整；英国期待与欧洲其他国家一道在经济上有更多的灵活性和融合。综上所述，我们可以非常清晰地看出 Blair 所要宣传的意识形态：继续增强世界经济的灵活性和稳定性，促进世界经济政治的全球化和进一步融合。

	Key word	Freq.	%	Freq	RC. %	Keyness	P	Set
1	OUR	51	1.26	93,455	0.09	171.20	000000	
2	WE	75	1.86	00,833	0.30	147.71	000000	
3	GLOBALISATION	9	0.22	24		143.37	000000	
4	JAPAN	20	0.50	5,579		139.73	000000	
5	THAT	122	3.02	52,259	1.06	99.15	000000	
6	ECONOMIC	20	0.50	23,376	0.02	83.91	000000	
7	WORLD	26	0.64	53,806	0.05	81.31	000000	
8	GROWTH	15	0.37	12,800	0.01	71.97	000000	
9	BRITAIN	17	0.42	19,935	0.02	71.21	000000	
10	INVESTMENT	14	0.35	10,858	0.01	69.75	000000	
11	FLEXIBILITY	9	0.22	1,964		67.22	000000	
12	STABILITY	9	0.22	2,122		65.84	000000	
13	IS	96	2.38	74,293	0.98	58.21	000000	
14	CONVERGENCE	5	0.12	537		44.36	000000	
15	GREATER	11	0.27	15,300	0.02	42.50	000000	
16	INNOVATION	6	0.15	1,687		41.81	000000	
17	UK	11	0.27	16,534	0.02	40.90	000000	
18	TERM	10	0.25	12,344	0.01	40.90	000000	
19	JAPANESE	8	0.20	6,111		40.08	000000	
20	ECONOMICALLY	5	0.12	982		38.38	000000	
21	TRADE	11	0.27	19,818	0.02	37.18	000000	
22	PROSPERITY	5	0.12	1,112		37.15	000000	

图 6　Tony Blair 演讲语料库中的主题词

5. 结语

本文通过一些研究实例显示了语料库语言学在批评话语分析领域有着广阔的作为空间。语料库工具可以比较方便、直观地揭示文本中的重复话语，比如高频词汇、词丛、搭配等。而这些重复话语的背后往往带有一些意识形态意义，反映作者或说话者的意图。分析和调查这些重复话语有助于我们挖掘语言背后的意识形态，达到靠人的直觉来研究所达不到的效果。但是需要注意的是：重复或高频话语固然重要，那些在语料库中很少出现或从未出现的话语也令人深思，同样可以揭示作者或讲话人的意识形态。另外，批评话语分析的语料库方法看似是一种客观的研究方法，其实对话语分析结果的解释还是带有一定的主观性。正如Baker（2006：18）所述，我们必须牢记因为语料库无法自己解释自己，因此最终对语言形式做出解释的还是研究者自己。另外，以上的研究实例仅限于词汇研究，基于语料库的话语分析的未来趋势是拓展到话语层面，比如：更深层次的语法研究、隐喻研究等，但是这有赖于语料库的加工水平（参见Baker，2006；

Chateris-Black，2004）。

参考文献：

Atkinson, D. 1999. *Scientific Discourse in Socialhistorical Context*. Mahwah, New Jersey: Erlbaum.

Baker, P. 2006. *Using Corpora in Discourse Analysis*. London/New York: Continuum.

Baker, P. 2012. Acceptable bias? Using corpus linguistics methods with critical discourse analysis. *Critical Discourse Studies*, 9(3): 247-256.

Casdas-Coulthard, C. R. & Moon, R. 1999. Curvy, hunky, kinky: Using corpora as tools in critical analysis. *Paper Read at the Critical Discourse Analysis*. Amsterdam: John Benjamins, 91-108.

Charteris-Black, J. 2004. *Corpus Approaches to Critical Metaphor Analysis*. Basingstoke Hants: Palgrave Macmillan.

Fairclough, N. 2000. *New Labour, New Language?* . London: Routledge.

Firth, J. 1957. *Papers in Linguistics*. London: Oxford University Press.

Flowerdew, J. 1997. The discourse of colonial withdrawal: A case study in the creation of mythic discourse. *Discourse and Society*, 8: 453-477.

Hansen, K. R. 2016. News from the future: A corpus linguistic analysis of future-oriented, unreal and counterfactual news discourse. *Discourse & Communication*, 10(2): 115-136.

Hunston, S. 2002. *Corpora in Applied Linguistics*. Stuttgart: Ernst Klett Sprachen.

Kim, K. H. 2014. Examining US news media discourses about North Korea: A corpus-based critical discourse analysis. *Discourse & Society*, 25(2): 221-244.

Lee, D. Y. W. 2008. Corpora and discourse analysis—New ways of doing old things. In Vijay, K. B., John, F. & Rodney, H. J. (eds.). *Advances in Discourse Studies*. London/New York: Routledge, 86-99.

Morrison, A. & Love, A. 1996. A Discourse of disillusionment: Letters to the Editor in two Zimbabwean magazines 10 years after independence, *Discourse and Society*, 7: 39-76.

Mulderrig, J. 2011. Manufacturing Consent: A corpus-based critical discourse analysis of New Labour's educational governance. *Educational Philosophy and Theory*, 43(6): 562-578.

Mulderrig, J. 2012. The hegemony of inclusion: A corpus-based critical discourse analysis of deixis in education policy. *Discourse & Society*, 23(6): 701-728.

Partington, A. 2003. *The Linguistics of Political Argument: the spin-doctor and the wolf-pack at the White House*. London: Routledge.

Piper, A. 2000. Some people have credit cards and others have giro cheque: "individuals" and "people" as lifelong learners in late modernity. *Discourse and Society*, 11: 515-542.

Salama, A. H. Y. 2011. Ideological collocation and the recontexualization of Wahhabi-Saudi Islam post-9/11: A synergy of corpus linguistics and critical discourse analysis. *Discourse & Society*, 22(3): 315-342.

Stewart, D. 2010. *Semantic Prosody: A Critical Evaluation*. New York/London: Routledge.

Stubbs, M., & Gerbig, A. 1993. Human and inhuman geography: On the computer-assisted analysis of long texts. In Hoey, M. (ed.). *Data, Description, Discourse*. London: HarperCollins, 64-85.

Stubbs, M. 1996. *Text and Corpus Analysis: Computer-assisted Studies of Language and Culture*. Oxford: Blackwell.

Stubbs, M. 1997. Whorf's children: critical comments on critical discourse analysis (CDA). In Ryan, A. & Wray, A. (eds.). *Evolving Models of Language*. Clevedon: British Association for Applied Linguistics and Multilingual Matters Ltd, 100-116.

Stubbs, M. 2007. On texts, corpora and models of language. In Michael, H., et al. (eds.). *Text, Discourse and Corpora*. London/New York: Continuum.

Teubert, W. 2000. A province of a federal superstate, ruled by an unelected bureaucracy: Key words of the eurosceptic discourse in Britain. In Musolff, A., Good, C., Points, P. & Wittlinger, R. (eds.). *Attitudes Towards Europe: Language in the Unification Process*. Aldershot: Ashgate, 45-86.

Van Dijk, T. 1991. *Racism and the Press*. London: Routledge.

Wodak, R. & Meyer, M. 2001. *Methods of Critical Discourse Analysis*. London/Thousand Oaks/New Delhi: Sage Publications.

纪玉华，2007，《跨文化交际研究和教育中的批评话语分析》，厦门：厦门大学出版社。

纪玉华、吴建平，2008，跨文化语境演讲中谚语引用之批评分析，《外语与外语教学》，第 1 期，22-29 页。

李文中，2005，基于中国学习者英语语料库的主题词研究，载杨惠中等主编《基于 CLEC 语料库的中国学习者英语分析》，上海：上海外语教育出版社。

钱毓芳，2010，语料库与批判话语分析，《外语教学与研究》，第 3 期，198-202 页。

唐丽萍，2011，语料库语言学在批评话语分析中的作为空间，《外国语》，第 4 期，43-49 页。

许家金，2010，从词语到话语：通过语料库开展话语研究，《中国英语教育》，第 1 期，11-19 页。

杨惠中（主编），2002，《语料库语言学导论》，上海：上海外语教育出版社。

The Corpus Linguistics Approach to Critical Discourse Analysis

Han Cunxin, Jimei University; Zhao Qiaorong, Xiamen University

Abstract: The application of Corpus Linguistics methods in Critcal Discourse Analysis can make up for the deficiency of empirical evidence in Critical Discourse Analysis. This paper introduces the application of Corpus Linguistics methods, such as frequency analysis, concordancing, semantic prosody, keywords, in Critical Discourse Analysis via some case studies.

Key words: Critical Discourse Analysis, Corpus Linguistics, frequency analsysis, concordancing, semantic prosody, keywords

作者简介：

韩存新，男，湖北蕲春人，集美大学外国语学院博士，副教授。研究方向：批评语言学、语料库语言学。

赵巧荣，女，四川广元人，厦门大学英文系硕士研究生。研究方向：翻译理论与实践、语料库语言学。

《话语研究论丛》第三辑
2016 年
第 122-134 页
南开大学出版社

述 评

跨学科·后现代·文化转向

——第六届"当代中国新话语国际学术研讨会"述评*1

◎ 丁建新　　中山大学外国语学院

摘　要　本文是第六届"当代中国新话语国际学术研讨会"的学术评论。通过对这次会议的一些主旨发言和主要论文及团队进行述评，文章认为话语研究在中国表现出"跨学科""后现代"以及"文化转向"三大特征。

关键词　文化；话语；语言

1. 引言

流溪水美，山峦依恋。2015 年 12 月 18～20 日，由中山大学语言研究所、中山大学南方学院外国语言文学系联合承办的第六届"当代中国新话语国际学术研讨会"在广东从化温泉镇召开。位于广州流溪河源头的这一温泉小镇，据说曾经是唐宋八大家之一苏东坡被贬惠州时时常寄情山水、写下"日啖荔枝三百颗，不辞长作岭南人"这一传世佳句的地方。同时又是作家杨朔《荔枝蜜》中所描述的小镇："四围是山，怀里抱着一潭春水；那又浓又翠的景色，简直是一幅青绿山水画。"如今，二百多位学者齐聚这个人文荟萃的岭南小镇，谈话语精要，抒"家国情怀"（中山大学新任校长罗俊院士语）。Christopher Hutton（香港大学教授）、Vijay Bhatia（香港城市大学教授）、Adam Jaworski（香港大学教授）、Peter Swirski（中山大学教授）、王东风（中山大学教授）、冉永平（广东外语外

* 通讯作者：丁建新
联系地址：广州市（510275）新港西路 135 号，中山大学外国语学院
电子邮件：jxding8@sina.com

贸大学"珠江学者")、陈新仁(南京大学教授)、阮炜(深圳大学教授)、辛斌(南京师范大学教授)、田海龙(天津外国语大学教授)、赵彦春(天津外国语大学教授)、赵永青(大连外国语大学教授)、吴东英(香港理工大学教授)、苗兴伟(北京师范大学教授)、肖坤学(广州大学教授)、张广奎(广东财经大学教授)、武建国(华南理工大学教授)、唐斌(华东交通大学教授)、阚哲华(广东韶关学院教授)、纪卫宁(青岛农业大学教授)等知名学者都莅临了这次话语研究的盛会。作为中国话语研究会的年会,这次会议展现了话语研究在中国的跨学科性、后现代性,同时也见证了话语研究在中国的文化转向。

2. 一次跨学科的对话

"横看成岭侧成峰,远近高低各不同"。苏东坡这首山水游记其实是关于学术、知识的隐喻。许多学问,都有一点像印度民间故事"瞎子摸象"所描述的情形,看到的只是"部分真理"(partial truth)。而人们对于"话语"(discourse)的诠释,也是如此。有的人说它是"语篇",有的人说它是"论述",有人说它是庄子眼中无处不在的"道"(张汉良,2016),还有的人说它是"味道"(丁建新、沈文静,2013)。其实它就是意义的方式、言说的方式。这样的诠释,有利于我们从比较广的角度来看"话语"的丰富内涵。毕竟,我们需要一种包容的、跨学科的视野才能涵括"话语"意义的种种。第六届中国话语研究会的学者都认同"话语"这一范畴的存在,并都对它的研究感兴趣。可是他们可能来自不同的学科。文学、人类学、语言学、翻译学、法学、传播学、哲学、社会学都有参加这次会议的学者。我们邀请到的几位主旨发言的嘉宾事实上就来自不同的研究领域。

香港大学英文学院教授 Christopher Hutton 的发言题目是《语言学专门知识、法律语言学、跨性别法理学》("The Notion of Linguistic Expertise, Forensic Linguistics and Transgender Jurisprudence")。作为一个长期专注语言中的政治问题的学者(2005,2009,2014),Hutton 的研究处于语言学、法学以及知识史的边界之间。Hutton 以英国、美国及中国香港为例考察了习惯法司法管辖权之内的法律环境中"语言学专业知识"这一概念,认为作为专家的语言学家对于意义的确定可以提供重要的指导意见。Hutton 选取了涉及如何定义"男人""女人"的"跨性别法理学"(Sharpe,2002)领域作为个案分析。法律讲求的是诠释文化。法律中的语言问题构成了关于权威性与专业知识的复杂问题。法律认定律师(特别是法官)是语言专家;有些情况下,语言事实的确认是由陪审团来完成的。当遇到需要确认日常英语单词的意义的时候,许多法官依赖于作为"本族语说话者"的语言直觉,最多不过查查字典或其他的外部"权威资料"。法官们一般不会愿意出让权力给语言学者、专家。另外一个方面,语言学家们对究竟什么是意义、如何定义日常用词的意义仍然在争论不休。法律的法庭辩论语境要求意义准确、权威,这样一来,法律的语言问题就自然而然成为了一个重要的学术挑战。法律语境下的语言专业知识的界定就成了一个重要的理论、方法以及道德困境。（参见丁建新、何雁、李凯阳，2016：16）毕业于牛津（MA, DPHil）和哥伦比亚大学（MA）的 Hutton 教授近年来在法律语言学、法哲学方面有卓越的建树。他的 *Language, Meaning and the Law*（2009）以及 *Word Meaning and Legal Interpretation: An Introductory Guide*（2014）是圈内具有广泛影响的著述。

同为香港大学英文学院教授的 Adam Jaworski 是波兰人。他曾经在伦敦大学（1991-1992）和加迪夫大学工作（1993-2005）。他的语言研究的路径带有很强的社会性。他从话语与多模态的途径来研究旅游、社会流动（mobility）以及全球化。他在非言语交际（nonverbal communication）、语言的空间展示（display of languages in space）、基于文本的艺术（text-based art）等方面的研究独树一帜。这一次 Jaworski 教授的主旨发言是《作为全球化符号的字体排印与书写创新》（"Typographic and Orthographic Innovation as an Index of Globalization"）。Jaworski 考察了标点符号、变音符号、标题的非传统、创新使用的大量案例，如"LOVÉ"（香港一家时装店的促销口号"LOVÉ fOR salE"）、"dADáDádA"（巴塞罗那一家招贴广告店名）、"c!ty'super"（东南亚的一个连锁超市名）、"förmösa"（香港的一种药用植物提取物）。这些符号创新与其他的许多排印、书写、图像特征交错使用。语言与符号高度商品化了。Jaworski 认为一种新的视觉语言正在经历 Agha（2003，2007）所谓的"登记注册过程"（process of enregisterment）。也就是说，它们正在被逐渐赋予"社会"意义。这些非常规的符号使用展示了商家的"全球化"特征。同时，这些符号越来越超脱于任何特定的种族语言学群体（ethnolinguistic group）。我们只能追溯其"国别"或"种族"的痕迹。Jaworski 认为，这些符号的目标消费者是一些"全球化公民"（global citizenship），体现了全球化的"图像意识形态"（graphic ideologies, Spitzmüller，2015）。连同现代城市景观中的其他符号资源（如地球、心、国际旗帜、名人头像），这些符号俨然已经构成一种全球化、公司—消费者所使用的新的语域——"国际语言"（internationalese）或"全球语言"（globalese）。（参见丁建新、何雁、李凯阳，2015：17）Jaworski 的研究属于交叉研究，涉及话语研究、市场营销、旅游学、艺术学、符号学、全球化等多个领域。

Vijay Bhatia 教授是体裁分析（genre analysis）研究领域的老将。他的两本专著 *Analysing Genre: Language Use in Professional Settings*（1993）、*Worlds of Written Discourse: A Genre-Based View*（2004）奠定了他在体裁分析这一领域的重要地位。近年来，他致力于提出"critical genre analysis"的理论模式（2008，2015）。这次会议他的主旨发言题目是《批评话语研究与体裁研究的进化：对应用语言学的启示》（"Evolution of Critical

Discourse and Genre Studies: Implications for Applied Linguistics")。Bhatia 教授认为,体裁分析一般情况下主要关注体裁结构的分析,有时会去关注体裁产生、诠释、使用的语境。体裁分析给人的印象是产生、诠释体裁本身只是目的,而不是达到目的的手段。这样一来,体裁分析很少有人去关注"专业实践"(professional practice)。而事实上,专业实践是话语活动的终极目标。对于专业实践语境的分析包括专家身份、体裁试图维系或改变的机构结构或专业关系、体裁对其读者所产生的挑战或裨益。特别是那些使得特定体裁成为可能,而且与一定专业或学科语境相关的语篇以外的因素(text-external factors)。Bhatia 教授重点介绍了"话语空间"(discursive space)这一概念。话语空间不仅仅是一个物理空间,最重要的是一个社会语用(socio-pragmatic)空间。在这样的社会语用空间中,社会文化能量得以协商、实现来达到专业目标。"话语空间"这一概念的复杂性在于,每一行业的专业人士都会从其他话语语境与体裁中"转用"(appropriate)(Bakhtin,1981)符号资源来达到交际目的。这样一来,"话语空间"从本质上讲是"话语间的"(interdiscursive)。从这种意义上讲,所有的语境本质上讲都是"话语间的",而批评性体裁分析就是这样一种关于"话语间语言表现的理论"(theory of interdiscursive performance),它以体裁为媒介来揭开专业实践的神秘面纱(demystify professional practice)。在批评性体裁分析中,专业、机构、组织的实践得以协商,它们基于不同的利益而处于不断的斗争之中。(参见 Bhatia,2015:9-19)Bhatia 教授认为,Critical Discourse Analysis(Fairclough,1992;van Dijk,1993;Wodak,1997)与(Critical)Genre Analysis(Swales,1990;Bhatia,2008,2015)是当今最为流行的两种话语分析模式。前者吸取了法兰克福社会学(Frankfurt School of Sociology)理论的精髓,致力于考察语言、权力与意识形态的关系,特别是滥权(abuse)、控制(dominance)、不平等(inequality)是如何在一定的社会、政治语境中得以实施、再生产以及如何遭到抵制的,其目的在于纠正这样的不平衡的社会秩序。而后者则致力于分析专业语境中的"话语间语言表现",客观、现实地揭示学科知识的构建、传播以及消费过程。鉴于此,Bhatia 教授提议我们在广义范围之内来定义"应用语言学"(Applied Linguistics),涵括将语言学理论应用于翻译、信息设计、组织与机构传播等相关领域。(参见丁建新、何雁、李凯阳,2015:16-17)

3. 话语研究的"后现代性"

自 20 世纪 70 年代以来,后现代主义作为关键词频繁地出现在西方学界。作为一种反传统、反理性的思潮,它是一种在思想和行动上试图超越"启蒙时代"的"情绪"。后结构主义、西方马克思主义、女性主义、相对主义、怀疑主义、虚无主义、粗野主义都或多或少地体现了这种情绪的存在。反逻各斯中心、反二元对立、反整体论、反工业化,没有中心、没有主体、游戏语言。杂糅、拼贴、写断文本，充满矛盾与不确定。王铭铭（2002）指出：后现代主义横扫社会科学各领域，对现代学科体制进行尖刻的批评。依据福柯（Michel Foucault）对"discipline"这个带有"学科"和"训诫"双重意义的概念所进行的解读（Foucault，1972：224），后现代主义反思者提出，学科的界分典型地体现了现代社会中知识与权力之间的不可分割。尽管后现代主义者声称敌视启蒙的理性论，但他们对于现代性和后现代性的历史关系却采取一种直线性的历史解释：他们大多将现代社会科学的问题归咎于它们的现代性，以为舍弃了现代科学知识论的类别体系，便可创造出一种具有革命意义的、使知识形式疏离于权力形式或有主动性地融入替代性权力形式的后现代社会科学。（参见王铭铭，2002：2）而解释人类学关于社会话语的研究正是这样一种带有"后现代主义"倾向的学说。

这次会议，我们邀请到兰州大学西北少数民族研究中心王建新教授做有关解释人类学的主旨发言。他发言的题目是《文化研究中的话语理论与方法——解释人类学的视角》。王建新教授（参见丁建新、何雁、李凯阳，2015：86）认为，人类学研究的基本任务是写文化，发现和解释地方性知识的特殊性及其与整体社会的关联。自 20 世纪初现代人类学成立以来，文化书写的方式经历了共时结构性的静态写实法、历时动态变迁描述法、生活实践中各类象征意义的分析解读方法等几个不同阶段。目前备受人类学界重视的解释人类学则把研究重心定位在了对"社会话语"（social discourse）的"深描"（thick description）及对社会话语中所聚焦的问题的解释（interpretation）。解释人类学（interpretive anthropology）的创始人格尔茨（C. Geertz）认为，人类学的民族志（ethnography）书写的基本任务是解读社会话语；而构成社会话语的重要信息需要通过田野调查，与当地人近距离互动才能获得。因而，人类学家需要深入生活实践，通过近距离经验（near experience）去获取具体表现社会话语的田野信息，然后通过深描揭示出社会话语所蕴含的重大问题，从而对当事人为建构话语（construction of social discourse）而做的诸多解释的具体意义进行客观合理的解释（interpretation of local explanation）。与语言学所聚焦的分析话语、哲学和政治学所关注的权利话语的分析理念及方法不同，人类学有一套行之有效的、为解读特殊社会群体之社会问题的话语分析的理论和方法。在《深层的游戏中》，格尔茨深度地描述了巴厘人的斗鸡习俗。这一巴厘人司空见惯的游戏，却与"男性""赌注""规则""地位""竞争"等关键词连在一起，蕴含着巴厘人的"憎恶观""乱治观""君臣观"，戏说着上层社会的政治角逐。"通过一个小小的斗鸡场景，格尔茨把我们带到了个人情感与集体表象密切互动的关系当中，迫使我们观看民族精神和文化理想与个人人生观揉成一体的过程"。（参见王铭铭：1994：35）作为"反思人类学"（reflexive anthropology）的最早实践者，格尔茨承认人类学家和被描述者一样，也是一个符号体系、一种文化的解释者。人类学家的任务在于寻求一种"经验相近"的、非现代的解释体系。文化研究不是现代人类学家马林洛夫斯基那样标榜的"文化的科学"（the science of culture），而是一种表述（representation）的途径、一种"文化的写作"（writing culture）。（参见王铭铭：1994：34-37）

　　在哲学领域，也有许多带有后现代趋向的论述。比如说，德里达的解构主义、鲍德里亚的超仿真、詹明信的晚期资本主义文化逻辑、罗蒂的教化哲学、伊格尔顿的文艺批评、利奥塔的后现代状况及元话语终结。当然最重要的还有吉尔·德勒兹（Gilles Louis Rene Deleuze, 1925-1995）。这次会议，我们邀请到了深圳大学袁文彬博士讲述德勒兹的理论。之前，他是研究詹明信的专家，这次他发言题目是《从反俄狄浦斯到千高原：德勒兹的符号逃逸线》。袁文彬（丁建新、何雁、李凯阳，2015：19-20）认为，德勒兹的"生成"（becoming）哲学大致可以分为三个时期：1）20世纪50年代—70年代，作为学院派哲学家，出版了两部作品《重复与差异》（1968）和《感觉的逻辑》（1969），凸显科学的重复性和艺术的差异生成性；2）1970—1980，与瓜塔里合作发表《资本主义与精神分裂》两卷奠定其游牧哲学地位的著作（第一卷《反俄狄浦斯》，1972；第二卷《千高原》，1980）：前者以弗洛伊德的所谓核心家庭作为批判的靶子，消解资本主义社会的所谓"主体性"概念，创导精神分裂分析，为游牧哲学铺平道路；借助《卡夫卡：少数裔文学》中文学符号机器，在《千高原》这个平台上刻划游牧哲学的逃逸线；3）1980—1995，《何为哲学？》，强调艺术和哲学之间的互动关系，强调概念是哲学的生命线。德勒兹以卡夫卡的作品为例，论述了他关于语言的辖域化问题，辖域化—解域化—再域化是卡夫卡寻找逃逸线的符号标志，也标明了德勒兹破解主流话语霸权的激进的后结构主义立场。袁文彬（丁建新、何雁、李凯阳，2015：19-20）认为，如同康德的《判断力批判》打通《纯粹理性批判》和《实践理性批判》之间的道路一样，《卡夫卡走向少数裔文学》也似乎为《反俄狄浦斯》和《千高原》打通道路。这三部曲为德勒兹阡陌纵横的"块茎"（rhizome,相对于传统形而上学的"树状模式""根状模式"而言）寻找到了生命的逃逸线。德勒兹强调卡夫卡在其所生活的年代对主流语言既有的辖域从内部进行颠覆、解构和重构，再现其差异哲学和流变思性质的逃逸线，力图揭示卡夫卡的文学语言在捷克语、德语、希伯来语以及捷克的犹太语（Yiddish）之间复杂的"块茎关系"。这便是卡夫卡式的文学机器，也是德勒兹所依赖的符号游牧工具，进而最终借助《千高原》这一平台逃越奥斯维辛和五月风暴给整个思想界带来的心灵创伤。

　　米歇尔·福柯曾经说过，"20世纪是德勒兹的世纪"。德勒兹认为，现代性是一切极权主义的温床。他认为所有多样性、去中心或弥散都是积极的；所有联合或同质的东西都值得怀疑；所有边缘都具有创造力，所有多数和共识都有压迫性；所有小规模的政治行动都值得称赞，所有大规模、以国家为中心的事业都需要全面质疑。他的许多概念，如"欲望机器""战争机器""国家机器""游牧""块茎""逃逸路线""少数"都成为后现代主义"反传统""反专制""反核心家庭""反自我"（反俄狄浦斯）哲学的关键词。在现代法国异己哲学家中，他是无政府主义前卫派最明显的继承者。中国不是后现代社会，后现代主义的回响却无处不在。这说明文化与社会阶段并无相同的边界。田海龙教授（2003）指出，过去二十年中，全球经济、政治发生的变化导致文化转型。信息技术和传播媒介的发展成为真实物质的模拟物并替代真实物质，以至于形成后现代生活的新阶段。这些变革不仅存在于话语以外的变革过程中，而且存在于话语本身。因此，话语的批评是后现代社会批评的重要组成。要建立一种批评性社会理论与批评性语言理论对话的新形式。

4. 文化的转向：在主流与边缘之间

朱大可（2006）教授认为，国家、流氓/流亡这一"二元对立"左右了中国历史，并维系了历代王朝的漫长生命。中国王朝的历史正是在国家主义/流氓主义、国家社会/流氓社会、极权状态/江湖状态之间震荡与摆动。据朱先生的词源学考证，"流氓"一词最早在汉语中并非贬义。在朱先生的话语体系中，流氓是一种"流亡""他者"的状态，是拥有身份危机、异乡情节和精神焦虑的个体。用我们的话来说，是"边缘人群"与"边缘文化"。在朱先生看来，流氓主义是一把双刃剑，它对国家主义的正典话语（我们所说的"主流话语"）具有解构的作用，力量此消彼长之后成为国家主义的"刺客"；而如果能利用其解构中的"建构"性元素，流氓主义将给国家主义话语提供生生不息的新鲜血液。对我们而言，朱先生的研究打通了话语与文化两个研究领域，验证了边缘与主流话语之间的共生关系。（丁建新、沈文静，2013）事实上，文化有主流与边缘之分，高可以至"中国梦"这样国家梦想、"家国情怀"，低可以至一种乡音、一道家乡的土菜、一份不能割舍的乡愁。话语分析作为一种跨学科的社会、语言批评范式，有助于我们认识话语在当代社会政治变革中的重要作用。同时，随着中国力量的崛起，中国研究、中国话语、中国范式受到世界的关注，话语研究能有助于中国国家话语策略的研究与实施。对边缘话语、边缘族群、边缘文化的研究又有助于和谐社会的构建。这次会议，我们见证了话语研究游走于主流与边缘之间。

这次会议中，出现了大量带有国家主义色彩的研究论文，如中国力研究中心寒竹先生的《观念的构建与社会变革》，北京师范大学苗兴伟教授的《未来的话语：中国梦的话语构建》，天津外国语大学张蕾教授的《"中国梦"话语的国家身份构建功能》，香港理工大学吴东英教授、张乐金博士的《中国国家形象宣传片中的话语混合与全球本土化》，暨南大学华文学院李军教授的《国家话语修辞建构的思考》,河南科技学院李会民教授的《从话语批评到生态文明社会建设》,青岛大学布占廷副教授的《中国梦及物性构建研究》,曲靖师范学院全品生教授的《用中国观念建构当前的中国话语》,天津外国语大学尹佳的《碎片化渠道,中国化语境——刍议当前我国的对外话语体系建设策略》,广州航海学院吴珂副教授的《民族文化特征话语的大数据分析》,广东外语外贸大学博士研究生郭旭的《转型中国的危机新闻发布会中的人际意义构建》等等。天津外国语大学赵彦春教授的《国家需要与国家话语体系创新》基本上可以代表话语研究的这种国家主义思潮。作为一位长期从事中国古典英译的学者,赵彦春教授(参见丁建新、何雁、李凯阳,2015:54)认为,中国当前的话语体系与国家发展的需要严重脱节,亟需更新。儒道释耶等是传统的文化因素,但我们主导的认识论和方法论却是孔德建构的实证主义(positivism)和以黑格尔为教主的欧洲中心论(Eurocentrism)。究其根本,这两者均是西方资产阶级兴起而要求话语体系支撑同时实施对外扩张、对外殖民的结果,是出于西方国家需要而建构起来的话语体系。依此体系建构的标准,中国虽然曾有辉煌的历史,却被认为处于文明的边缘,没有哲学,没有逻辑,没有科学,因此是落后的文化,而这种观念经过近三百年的浸淫已经主导了我们的意识,演变成了我国当下的话语体系。比如,据此标准,汉语是落后的代表、汉语没有语法、汉语不是逻辑的语言、汉语阻碍了中国的发展等论调曾是中国意识形态的主色调,以至于"汉字不灭中国必亡"、汉字罗马化等呼声和思潮曾一度成为时代的强音。当前,我们无论是政治、经济还是学术领域都是西方标准,是西方话语的殖民地。事实上,实证主义和欧洲中心论都欠缺坚实的逻辑基础,是本末倒置、偷换概念、以偏概全的,对人类知识和福祉都是一种伤害。中国话语体系的重建是中华民族复兴的需要,也是人类理性复归的需要,它要求我们打破中西文化的蔽障,并返回本原意义的形而上学,形成自上而下的、全域的理论体系。值得一提的是,《天津外国语大学学报》最近一期(2016/1)刊载了"中国梦话语研究"以及"一带一路沿线语言文化"研究,是话语与国家策略研究的很好尝试。用中国话语研究会会长、南京师范大学辛斌教授在这次会议开幕式发言中引用的话来说,毛泽东时代,我们解决了挨打的问题,邓小平时代,我们解决了挨饿的问题,而这些研究是"要解决好挨骂的问题"。

话语研究文化转向的另外一个方面是这次会议出现了许多边缘话语方面的研究,这些研究伴随着话语研究南方系的崛起。广东外语外贸大学教授、广东省珠江学者特聘教授冉永平近年来从语用学的角度做了许多颇有建树的话语分析。这次他的主旨发言是《网络语境中冒犯性不同意的语用分析》。冉教授(丁建新、何雁、李凯阳,2015:75)认为,言语合作与和谐取向是面对面人际交往中的常态,更是人类理性的重要表现。对此,我们不难发现针对面对面交际的相关研究主要涉及参与者如何采取语言策略,以避免人际冲突，促进和谐，或如何表达语言上的礼貌，增进人际关系，或关注语言使用的社交语用失误等。然而，日益流行的网络交际则是一种以虚拟技术为依托、间接（即"非直面"）交往为主的新形式，体现出明显的"虚拟实在"的语境特征，衍生了不同于日常直面言谈的诸多语用现象，出现了较多违反常态的语用特征。

广州大学肖坤学教授近年来建立起一支国内颇有影响的认知语言学/话语分析研究团队。这次，肖坤学教授和他的同事胡安奇博士递交的论文是《语言识解的社会群体差异性研究：认知话语分析的视角》。他们（丁建新、何雁、李凯阳，2015：75）认为，语言作为形式与意义的二元复合体，不仅是对主客观经验的"镜像"反映，也是社会关系的产物，因而不同的社会群体或者阶层对同一经验现象的识解也呈现出显著的群体差异性。他们的研究以"体验哲学"为理据的意义识解理论为基本框架，通过对我国当下进城务工的农民工子女和来自城市精英学校两组不同社会层级的学生对既定诱发语境下的若干相同意象的概念化及其词汇－语法实现的对比分析，探讨话语在经验－人际意义表征中的词汇－语法连续体特征，以及认知识解的社会性。华南理工大学武建国教授则从"互文性"的角度考察媒体话语的"重新语境化"（recontextualization）与"转型"（transformation）的问题。华南农业大学沈文静博士则致力于研究青年话语所体现的反抗文化，她的切入点是"反语言"（antilanguage）。

在香港理工大学双语系，吴东英教授的团队关注的是新媒体、传播学以及"全球本土化"（glocalization）等问题。刘向东从社会符号与文化研究的角度来梳理身体话语这一自柏拉图以来的重要学术史。秦勇则从多模态的角度来分析政治话语中的情感介入。吴海彬从符号学的角度来揭示"卖场"空间话语建构的目的性及策略性，认为品牌价值在"归化"与"异化"的张力中得到提升。赵冉（丁建新、何雁、李凯阳，2015：30）则对微信女性用户作多模态话语分析。赵冉认为，与书信和对话不同的是，微信聊天和"朋友圈"的使用者在完成意义构建及"一对一"和"一对多"的人际交流的过程中，除了使用文本文字外，还有大量的图片、音乐等非语言符号。在信息传递过程中，信息发送者和接收者之间的交流是双向的。语篇的含义也从传统的静态文字语篇扩展到了动态多模态语篇。

广东财经大学张广奎教授近年来出版了两本颇具特色的诗集（《呐喊》、*Naked Nature*, 2015，Leoman Pubishing Co., LTD）。这些诗边缘、草根、原生态，充满了激情与尖叫。作为一个边缘话语的实践者和研究者，这次他和他的学生陈柳（韩山师范学院讲师）递交了论文《〈金色笔记〉中的后现代主义话语研究》。他们（参见丁建新、何雁、李凯阳，2015：38）认为，后现代主义对事物的怀疑态度、破除一切的精神及对他者的开放胸襟与作为一种"以社会关切为本的边缘话语分析"之间在一定意义上有着共同目标。他们用后现代主义话语分析范式解读诺贝尔获奖小说《金色笔记》中无处不在的个体精神焦虑、怀疑、对边缘人群（盲人、疯子）的关切以及小说难以捉摸的文本形式对传统形式发起的成功挑战。张广奎教授的另外一个同事张佳则从边缘话语的角度分析桑德拉·西斯内罗斯的小说。张佳（丁建新、何雁、李凯阳，2015：46）认为，20 世纪 90 年代，对西裔小说家西斯内罗斯的研究数量可观，研究重点最终落到对双重边缘化及族裔身份问题上来。作为一个边缘性群体而存在于"白人至上"的社会空间里，西斯内罗斯展现了一种罕见的作家才能。

在中山大学，继丁建新教授出版《批评语言学》（2011）、《边缘话语分析》（2013）、《文化的转向》（2015）之后，一些研究开始结合话语、文化与批评的理论做跨学科的研究。从这次会议所递交的论文看，他们目前有如下的研究：廖益清教授以汉英时空观为例来验证 Boroditsky 的跨语言"心智概念化"（mental conceptualization）理论。杨熊端博士结合批评人类学与话语分析的理论来研究民族志话语中的权力与意识形态。熊仲卿博士则从"洋气"这一词汇入手来看话语与中国社会的变迁。赵常有副教授申请到广东省社会科学基金，专注于监狱话语与监狱亚文化的研究。林燕也申请到广东省社会科学基金，试图以陈寅恪先生的历史著述为研究对象，诠释"作为话语的历史"（history as discourse）这一自"剑桥学派"斯金纳（Quentin Skinner）以来的思想史观。许伊以韩少功的《马桥词典》为例来分析文学语篇中的反语言。蔡天星副教授这次递交的论文是《边缘话语记叙边缘角色——论民族志〈格格不入〉的隐性强权》。他（参见丁建新、何雁、李凯阳，2015：45）认为，作为后殖民批评的宗师，萨义德用后现代主义风格的回忆录进行巴勒斯坦叙事。它与其说是散文体自传，不如说是用边缘话语编织而成的民族志。它提供了准确详细的个人信息，将个人成长经历和中东反殖民主义的时代情境混杂糅合。在家庭生活中，严父在慈母的协助下以强权手段控制着"萨义德"；在学校生活中，宗主国学校的老师也以强权压制着"萨义德"：两方面的强权让"萨义德"沦为边缘角色，而"萨义德"也正是与之抵抗而成长为自身。萨义德叙说着丧家亡国之痛，家仇与国恨始终纠结着恋母仇父的俄狄浦斯情结。精英知识分子萨义德故意扮作边缘角色，活用边缘话语，巧用其无标题变奏的总体结构和象征这一隐性手法。胡勇希望借用话语分析、社会语言学、都市人类学的理论来诠释韩礼德关于"城市是言说之都"（A city is a place of talk）的道理。谭晖从话语、文化、符号学的角度来研究后现代建筑。王晶的研究方向是话语与技术，吸取了传播学的许多理论。朱海玉则希望在文化研究的视野中考察"涂鸦"这一边缘文化现象。杨维忠副教授、唐子茜、欧阳珊三位的研究都希望能将话语理论运用于翻译研究。杨维忠试图用边缘话语分析的理论建立文化翻译的新模式。唐子茜则从话语与政治的关系入手来考察清末民初翻译活动所表现的帝国冲突以及在构建民族国家中的作用。韩跃研究作为话语的身体这一主题。欧阳珊以莫言小说翻译为例构建翻译研究的话语之途。罗巾如从文化研究的角度来研究电影中作为话语的母亲身体（mother's body as discourse）这一主题。肖蓉（现为香港中文大学博士候选人）的研究是后现代公共行政管理的话语取向。中山大学这次参加会议的还有丁夏荣（教授）、李茜、王雯、吴夏莉、王儒蕴、许丹云、李迤茜、刘悦怡、郭李飞、张艳军、王洁、黄丽婷、黄云香、谢巧娟、丁舒晟、郭文佳、张婷等青年学者。

5. 结语

由于时间与空间的限制，我们并没有足够的能力来评介前来参加这次会议的所有学者的演讲与论文。我们只能请求他们的原谅，同时也请关心话语研究的朋友如有需要能去参考这次会议的《会议手册》（丁建新、何雁、李凯阳，2015）。相识是缘，相逢有幸。当相逢的帷幕落下的时候，我们对每一位参与者都心存不舍与感恩。感谢"珠江大学联盟"以及联盟成员之一中山大学南方学院对这次会议的慷慨资助。中山大学南方学院外国语言文学系的团队为这次会议所付出的努力将永远记录在中国话语研究的学术史上。他们所展示的热情与优秀的团队，以及"跨年·跨文化"新年晚会所代表的"山人文化"精神将给来自五湖四海的话语研究学者们留下意犹未尽的回想。八百多年之前，一些牛津的教授离开牛津古镇，来到伦敦郊外一个水草肥美的地方办学，这就是剑桥大学。多年以后，他们创造了"许多事情在牛津先开始在剑桥先完成"的神话。历史总是惊人地相似。十年之前，中山大学一些年富力强的教授带领他们的团队以双聘教授的身份来到南方学院组建各个学科。我们相信他们将会完成当年剑桥人同样的使命。学术的进化，一定需要一些不满现状的拓荒者。"他们是中国高等教育的追梦者"。中山大学南方学院校长喻世友教授在开幕式上如是说。

注释：

①该文原发表于《天津外国语大学学报》2016 年第 2 期，67-72 页。

参考文献：

Agha, A. 2003. The social life of cultural value. *Language and Communication*, 23: 231-273.

Bakhtin, M. M. 1981. *The Dialogue Imagination*. Austin: University of Texas Press.

Bhatia, V. K. 2004. *Worlds of Written Discourse*. London: Continuum.

Bhatia, V. K. 1993. *Analysing Genre: Language Use in Professional Settings*. London: Longman.

Bhatia, V. K. 2008. Towards critical genre analysis. In Bhatia, Vijay K., Flowedew John, Jones Rodney (eds.). *Advances in Discourse Studies*. Abingdon: Routledge, 166-177.

Bhatia, V. K. 2015. Critical genre analysis: Theoretical preliminaries. *Journal of Language and Communication in Business*, 54: 9-19.

Foucault, M. 1972. *The Archaeology of Knowledge*. New York: Pantheon.

Hutton, C. 2005. *Race and the Third Reich: linguistics, racial anthropology and genetics in the dialectic of Volk*. Cambridge: Polity Press.

Hutton, C. 2009. *Language, Meaning and the Law*. Edinburgh: Edinburgh University Press.

Hutton, C. 2014. *Word Meaning and Legal Interpretation: an introductory guide*. Basingstoke: Palgave, MacMillan.

Sharpe, A. N. 2002. *Transgender Jurisprudence: Dysphoric Bodies of Law*. London: Cavendish Publishing Limited.

Swales, J. M. 1990. *Genre Analysis: English in Academic and Research Settings*. Cambridge: Cambridge University Press.

丁建新，2015，《文化的转向：体裁分析与话语分析》，天津：南开大学出版社。

丁建新、何雁、李凯阳，2015，《第六届"中国当代新话语国际研讨会"手册》，广州：中山大学南方学院。

丁建新、廖益清，2011，《批评语言学》，北京：外语教学与研究出版社。

丁建新、沈文静，2013，边缘话语分析：一些基本的理论问题，《外语与外语教学》，第4期，17-21页。

丁建新、沈文静，2013，《边缘话语分析》，天津：南开大学出版社。

田海龙，2003，《后现代社会中的话语：批评话语分析再思考》评介，《外语教学与研究》，第4期，318-320页。

王铭铭，1994，格尔兹的解释人类学，《教学与研究》，第4期，31-37页。

王铭铭，2002，他者的意义——论现代人类学的"后现代性"，《广西民族学院学报》，第2期，1-5页。

朱大可，2006，《流氓的盛宴》，北京：新星出版社。

Interdisciplinary, Postmodernism and Cultural Turn:
A Review of "The Sixth International Conference on New Discourses in Contemporary China"

Ding Jianxin, Sun Yat-sen University

Abstact: This paper is an academic review of the Sixth International Conference on New Discourses in Contemporary China. Commenting on the keynote speeches, important papers and research teams, we conclude that discourse studies in China is characterized by three trends, i.e., "interdisciplinary", "postmodernism" and "cultural turn".

Key words: culture, discourse, language

作者简介：

丁建新，男，教授，博士，博士生导师。研究方向：话语研究、文化研究。

《话语研究论丛》第三辑
2016 年
第 135-141 页
南开大学出版社

书 评

《政治演讲分析：修辞、话语和隐喻》介评*

Jonathan Charteris-Black. 2014. *Analysing Political Speeches: Rhetoric, Discourse and Metaphor.* New York: Palgrave Macmillan. xxi+274pp. ISBN: 978-0-230-27438-9.

◎ 穆军芳　　河北大学外国语学院；北京师范大学外国语言文学学院

摘　要　Charteris-Black 教授的最新著作《政治演讲分析：修辞、话语和隐喻》展示了政治演讲的批评话语分析新进展。作者首先从古典修辞学和传统语言学的角度探讨了政治演讲，然后重点从话语－历史法、批评隐喻研究法等角度对政治演讲及其所隐藏意识形态的语言建构进行了批评话语分析，为广大语言学、修辞学、政治学和大众传播学研究者从政治层面解析修辞、话语和隐喻提供了一个很好的参照。

关键词　政治演讲；批评话语分析；修辞；话语；隐喻

1. 引言

由于批评话语分析（Critical Discourse Analysis，CDA）关注社会中权力滥用和权力反抗，政治话语一直以来都是批评话语分析的重要研究领域（van Dijk，2015：478）。作为政治话语的研究焦点之一，政治演讲（Political Speeches）备受批评语言学家关注。《政治演讲分析：修辞、话语和隐喻》是英国西英格兰大学 Jonathan Charteris-Black 教授继《批评隐喻分析的语料库研究法》（2004）、《政治家和修辞：修辞的说服性力量》（2011）

---

*　通讯作者：穆军芳
联系地址：河北省保定市（071002）七一东路 2666 号，河北大学外国语学院；
　　　　　北京市（100875）海淀区新街口外大街 19 号，北京师范大学外国语言文学学院
电子邮件：*mujunfang@mail.bnu.edu.cn*
基金项目：本文系河北省社会科学基金项目（HB15YY047）的阶段性研究成果。

之后的又一部力作。本书以古典修辞和传统语言学作为切入点，重点从话语－历史法、批评隐喻研究法等角度对政治演讲及其所隐藏意识形态的语言建构进行了批评话语分析，是对政治演讲分析得最为系统和全面的一本专著，展现了政治演讲的最新研究成果。Wodak 曾这样评论道："本书是一本真正具有革新意义的专著，是社会科学界学生和学者的必读书目。"（Charteris-Black，2014）本文拟对该书的内容逐章介绍，并进行简要的评述。

2. 内容简介

全书共分为三部分。第一部分阐述了修辞、演讲术和话语的传统方法；第二部分对 20 世纪 90 年代后的话语和公众交际进行了批评话语分析；第三部分探讨了最近十年间兴起的批评隐喻分析法在政治演讲中的应用。

第一部分"修辞学、演讲术和话语的传统研究方法"由第一章至第三章组成，从古典修辞学和传统语言学视角为人们理解政治演讲提供了重要的背景知识。

第一章"古典修辞学：艺术证据和安排"主要阐释了三种古典艺术证据在政治演讲中的应用。亚里士多德认为，在不考虑演讲类别的情况下，劝说是通过演讲创造的三种艺术证据[1]实现的，即基于演讲者品质的道德诉诸（ethos）、基于演讲者推理技巧的理性诉诸（logos）和基于听众感情的情感诉诸（pathos），作者结合具体领袖的演讲探讨了如何将这些艺术证据成功地应用于政治演讲。最后，本章运用古典修辞学的五个演讲步骤分析了奥巴马的政治演讲，指出每一步都有特定的修辞目的和劝说证据。

第二章"古典修辞学：风格和修辞"主要探讨了古典修辞学的风格组成要素如何在不同情境下巧妙地调整以吸引不同的听众。风格是个人选择和社会意义、口语模式和其他交际方式的复杂互动。作者首先运用古典修辞风格解析了柯林斯的"战前"演讲，指出演讲者在交际过程中选择的风格对于政治演讲能否达到预期效果有重要的影响。此外，修辞也是风格的一个要素。作者从形式辞格（schemes）和转义辞格（trope）互动的角度指出，开场和结语部分修辞的密集使用和比喻的聚类出现是奥巴马 2009 年就职演讲高雅风格的特点。

第三章"话语中的连贯和衔接"以肯尼迪的就职演讲为例，详细勾勒了演讲者与观众的共有知识和经验对于实现话语连贯和衔接的重要性。作者首先探讨了连贯和言语环境的关系，认为连贯取决于人们对现实世界中正常经验的认知知识，而衔接是实现话语意义连贯的句法手段。作者依据 Halliday 和 Hasan 的衔接理论从语法衔接（照应、替代、省略和连接）和词汇衔接（搭配和反复）分析了肯尼迪的就职演讲，指出肯尼迪使用的衔接手段塑造了他强硬、可信的领袖形象。

第二部分"话语的批评性研究方法"由第四章至第六章组成，探讨了 20 世纪 90 年代以来话语和公众交际的主要批评性分析法，为第三部分批评隐喻分析法的提出做了铺垫。

第四章"批评性分析：语境和劝说"主要展现了用于语境分析的劝说理论如何应用于政治演讲。批评话语分析的特点之一是对社会语境的密切关注，即对演讲者和听众的身份以及话语在建构这些关系时所起作用的重视。Charteris-Black 从批评话语分析角度提出了公众交际的三步骤：话语"情境"分析、话语特征识别和分析以及话语的阐释和解释。最后，作者结合 16 岁男孩威尔 2011 年在工党会议的演讲回顾了他提出的五个劝说途径，即意图合理、论据充分、演讲富有感染力、讲述内容契合观众和着装手势得当。

第五章"社会施事方和情态"详细分析了英语语法内部资源的施事方如何被揭示、强调或者隐藏。批评话语分析的主要贡献之一就是探讨语言如何表征施事方，而及物选择能够展现参与者和他们在过程中所扮演角色的关系。因此，作者首先分析了卡梅隆2012 年在政党会议演讲中及物性的使用情况。此外，演讲者还可以通过情态系统来表达立场。情态可分为认识型情态（epistemic modality）和责任型情态（denotic modality），前者关注演讲者对于其所讲事件真实性、准确性或者确定性的承诺等级，而后者表达了演讲者意愿做某事的程度。在此基础上，作者解析了布莱尔 2003 年的伊拉克战争演讲，提出不同情态类别和等级的选择会影响意义的表达，从而对交际过程产生不同的影响。

第六章"话语—历史法"阐释了话题和话语策略在政治演讲中的应用情况。批评话语分析关注语言选择和社会语境的关系；作为批评话语分析的主要研究方法之一，话语—历史法通过三个步骤来阐释权力关系是如何构成的：第一，确定语篇的主题或具体内容；第二，分析语篇的话语策略；第三，解析话语策略的语言体现方式。以此为基础，作者对霍华德的移民演讲进行了分析，解释了其主题和话语策略。此外，作者还提出了话语—历史法的一些问题。最后，从认识论的角度对话语—历史法中的话语策略进行了顺序调整，提出了名词化、表述、"视角化"框架和表征、强化和缓和以及论辩策略，并分析了每条策略的目的。

第三部分"批评隐喻分析"由第七章至第十章组成，全面探讨了最近十年间兴起的批评隐喻研究法。

第七章"公众交际中的隐喻研究"探究了政治演讲的系统分析如何帮助人们理解由内在隐喻驱动的话语发生方式。作者首先运用 Lakoff 的概念隐喻理论分析了布莱尔、奥巴马和克林顿在政治演讲中使用的"信标隐喻"（beacon metaphor），重新界定了隐喻。作者继而结合十个问题回顾了政治话语中隐喻的研究设计方法，如语境分析和数据搜集法、隐喻识别法、隐喻阐释法和隐喻解释法等。最后，本章提出了隐喻的识别和分类法，前者需要确定一个系统的标准，后者通过比较或范畴化来实现。

第八章"批评隐喻方法论"提出了针对批评隐喻分析的隐喻识别法。批评隐喻分析的目的在于识别劝说性体裁（如政治演讲、政党政治宣言或媒体报告）中的隐喻，并试图解释在参照演讲者目的和言语情境的特殊设置互动之下隐喻是如何选择的（Charteris-Black，2004）。作者首先以递归的方式回顾了批评隐喻法的四个步骤：语境分析、隐喻识别、隐喻阐释和隐喻解释，继而提出了针对批评隐喻分析的隐喻识别和阐释法，前者是隐喻的判别方法，而后者是隐喻的分类方法，最后隐喻识别和隐喻阐释解析了奥巴马 2009 年就职演讲。

第九章"意向性隐喻和社会认知"通过对比 van Dijk 的"社会认知"，阐释了政治演讲中隐喻使用的意向性类别和本质。"社会认知"定位于听者的想法，强调话语的接受；而"意向性隐喻"则关注说者的看法，侧重话语的生成。批评隐喻分析认为，语言的使用是有意向性的。本章深入探讨了第七章提出的隐喻意向，即一般修辞意向、启发意向、表述意向、移情意向、美学意向、意识形态意向和虚构意向，展现了政治演讲中劝说的修辞方式。最后，作者分析了奥巴马 2009 年就职演讲中隐喻的七种意向，并结合劝说理论探讨了这七种意向与隐喻的首要修辞目的——修辞劝说的关系。

第十章："结语：戴维·卡梅隆的欧盟演讲"运用本书提到的研究方法分析了卡梅隆 2013 年 1 月的议政演讲，是对政治演讲研究的实践性总结。从古典艺术证据来看，本演讲主要通过道德诉诸和理性诉诸进行劝说论证；从古典修辞风格上来看，主要运用了回指（anaphora）、交错配列（chiasmus）等形式辞格和暗喻、互文典故（intertextual allusion）等转义辞格；借助 Halliday 的施事和情态理论，本演讲的另一特征是多次交叉使用认识型情态和责任型情态，表达了卡梅隆对欧洲的强硬态度。最后，作者运用话语—历史法探讨了卡梅隆演讲的主题，欧盟通常被表征引发消极社会结果的原因，因此卡梅隆通过提出更民主的管理系统把自己建构成一个有责任感的政治家，与听众产生共鸣。

3. 简要评论

本书结合最新的热点话题语料，从修辞、话语和隐喻相结合的角度全面地向读者展现了政治演讲的批评话语分析新发展。该书的贡献主要体现在以下四个方面。

第一，本书体现了政治演讲的多学科互动和融合。Charteris-Black 以古典修辞法和传统语言学法作为背景，主要运用话语—历史法、批评隐喻分析法等对政治演讲进行了批评话语分析，阐释了在特殊的社会和文化语境中，演讲者如何通过组织和建构语言来劝说和影响观众。例如，第六章运用话语—历史法分析霍华德的移民演讲时，不仅局限于词汇和语法局面，还扩展到政治学、历史学和社会学等相关学科领域。又例如，第八章作者采用心理语言学、认知语言学和语料库语言学相结合的方法提出了政治演讲的批评隐喻分析框架，即语境分析和演讲选择、识别阶段、阐释阶段和解释阶段。因此，本书有助于读者更全面地了解政治演讲研究的热点，从而更好地掌握政治演讲的研究动向。

第二，本书拓展了隐喻研究，深化了 Charteris-Black 本人提出的批评隐喻理论，是对话语批评性分析的有益补充。比如，在第八章，作者提出了针对批评隐喻分析的隐喻识别法和隐喻分类法，从而更加明确地展现出隐喻如何系统地使用以创造出具有特定意识形态特征的合法化或者不合法化话语。在批评隐喻分析中，隐喻通过以下五个步骤步来识别：识别潜在的隐喻数量；确认或者否认起初的辨别；识别新的隐喻；识别常规隐喻；识别规约隐喻。此外，在第九章，作者对比了 van Dijk 的"社会认知"和 Charteris-Black（2012）的"意向型隐喻"，二者是对同一现象进行探讨的互补方式，前者强调接受，后者侧重生产。在政治演讲中，意向性隐喻更加明显。通过解析意向性隐喻，可以解释这样的隐喻如何以及为什么能够对演讲提供连贯的表征。

第三，本书从全新的视角探讨了"修辞"。柏拉图区分了修辞和论辩，认为修辞从本质上来讲是具有欺骗性的，因为它的使用目的是为了迎合说话者，而论辩则是对于双方立场不偏不倚的写照。自此之后，柏拉图的修辞观点在学界一直处于主导地位，"修辞"一直以来都等同于虚假，与"修辞"搭配的多为表达极端政治或虚假信息的否定形容词（Charteris-Black，2014：3）。然而，亚里士多德重构了修辞的地位，把它看作论辩的同义事物，修辞通过人们参加论辩来协调行为，因此修辞在不同情境下对于论辩劝说有重要价值。在此基础上，Charteris-Black（2014：5）认为，"修辞是在公众面前成功演讲的艺术，修辞运用得越成功的演讲就是越有说服力的演讲"。本书以古典修辞学开篇，描述了三种古典修辞诉诸如何成功地运用于政治演讲，接着又分析了古典修辞学中的风格修辞在政治演讲中的重要性。第二部分和第三部分提出的话语－历史研究法和批评隐喻法等批评话语分析的方法论研究，实际上进一步展现了修辞对于政治演讲的重要意义。

第四，理论和实践相结合也是本书的一大特色。作者不仅提出了隐喻研究的诸多理论研究方法，而且还为有志从事政治演讲研究的人士提供了丰富的语料。通读全书，读者可以发现，本书的每章都首先回顾了话语分析的理论研究方法并辅以图表说明，以此为基础对所选取的演讲文本进行了分析，有助于读者对章节内容的消化吸收。作者还在每章设置了相应的练习题以检验读者对重要概念和理论的理解程度，提升读者的批判性思维意识，并在每章的最后提供了拓展阅读书目，为读者的深入研究提供便利。此外，在本书的最后附有练习题参考答案和作者评论，有助于启发演讲者更好地掌控意识形态和话语间的关系。

最后需要说明的是，尽管著者研究缜密，但是限于篇幅，有些地方值得商榷。第一，在语料选取上，虽然作者所选取的例子代表了政治演讲的诸多方面，然而这些例子大都选自英美国家男性政治领袖的演讲（除了柯林斯的"战前"演讲），如果能将女性政治领袖的演讲及其他社会阶层人士演讲也涵盖在内，本研究的内容必将更加丰富。第二，作者简化了 Halliday 和 Hasan 的衔接和连贯框架，在一定程度上破坏了其使用性，特别是过于强调外指照应，未能全面地体现出观众对于政治演讲中社会、语言及认识关系理解的重要性。

　　然而，瑕不掩瑜，该书兼具学术性和可读性之长，能够满足不同层次读者的需求。本书既进一步地发展了批评隐喻分析，使其更契合批评话语分析，为批评话语分析提供了新的研究路径，可以为该领域的研究者提供灵感，帮助其研究向纵深发展，又回顾了从古典修辞学到当代批评话语分析的一些经典理论，可以作为政治演讲研究领域的教科书，帮助读者对该领域的发展有一个直观的了解。此外，从多学科探究政治演讲的研究思路，体现了该书在语言学、政治学和大众传播等学科领域的应用价值。因此，本书的出版必将为人们更好地了解和探究政治演讲的魅力奠定坚实的基础。

注释：

　　①古典修辞学认为，演讲由五部分构成：觅材（invention）、布局（disposition）、风格（style）、记忆（memory）和演讲（delivery）。觅材就是寻找证据的艺术，亚里士多德把证据分为非艺术证据（non-artistic proof）和艺术证据（artistic proof）。前者是演讲前已经存在的法律、论据、誓言等可以用来证明演讲者观点的证据，而后者是指在演讲过程中创造出的修辞学意义证据。

参考文献：

Charteris-Black, J. 2004. *Corpus Approaches to Critical Metaphor Analysis*. Basingstoke: Palgrave Macmillan.

Charteris-Black, J. 2011. *Politician and Rhetoric: The Persuasive Power of Metaphor* (2nd edn.). Basingstoke/New York: Palgrave Macmillan.

Charteris-Black, J. 2012. Forensic deliberations on purposeful metaphor. *Metaphor and One Social World*, 2(1): 1-21.

van Dijk, T. A. 2015. Critical discourse analysis. In Tannen, D., Hamilton, H. E. & Schiffrin, D. (eds.). *The Handbook of Discourse Analysis* (2nd edn.). Oxford: Wiley Blackwell, 466-485.

Review on *Analysing Political Speeches: Rhetoric, Discourse and Metaphor*

Mu Junfang, Hebei University; Beijing Normal University

Abstract: In his newly published book *Analysing Political Speeches: Rhetoric, Discourse and Metaphor*, Professor Charteris-Black demonstrates the new development in Critical Discourse Analysis of Political Speeches. In the book, he firstly explores political speeches from classical rhetoric and traditional linguistics. With the approaches such as Discourse-Historical Approach, Critical Metaphor Analysis, etc., the author displays the political speeches and the linguistic construction of ideology within it, which works as a good reference for rhetoric, linguistics, politics and mass communication researchers to analyze rhetoric, discourse and metaphor at the political level.

Key words: political speeches, critical discourse analysis, rhetoric, discourse, metaphor

作者简介：

穆军芳，女，河北邢台人，河北大学外国语学院副教授，北京师范大学外国语言文学学院外国语言学及应用语言学专业博士生。研究方向：功能语言学、语篇语言学、认知语言学。

《话语研究论丛》第三辑
2016 年
第 142-150 页
南开大学出版社

书　评

《多模态话语分析理论与外语教学》述评*

张德禄，2015，《多模态话语分析理论与外语教学》，北京：高等教育出版社。311 页，ISBN：9787040417173

◎ 林美珍　　福建农林大学文法学院

摘　要　本文评介了高等教育出版社于 2015 年出版的《多模态话语分析理论与外语教学》一书。该书是目前国内首部系统研究多模态话语分析理论与外语教学的专著，体现了该领域研究的新进展，是多模态话语研究者全面了解国内多模态外语教学研究的重要文献。本文简要介绍了该书的主要内容、亮点和待改进之处。

关键词　多模态；多模态话语分析；外语教学

1. 引言

21 世纪是一个高度发展的信息化和数字化的时代。随着计算机网络技术进入大学英语教学领域，教育日益多模态化也使得基于网络信息技术语境下的大学英语课堂教学具有典型的多模态属性。西方自新伦敦小组（New London Group）倡导将多模态应用于语言教学以培养学生多元读写能力以来，多模态与语言教学的研究成果不断涌现。其宏观研究和微观研究包括如何改进教育体制、课程设置、多模态教学设计、多模态教学方法、教学环境和现代技术、模态的互补性以及第二语言课堂教学中多模态的协同性研究

---

*　通讯作者：林美珍
　　联系地址：福建省福州市（350002）仓山区闽江大道 197 号，福建农林大学文法学院
　　电子邮件：mzhlin@163.com
　　基金项目：本文系福建省教育科学"十二五"规划项目（FJJKCG14-123）、福建农林大学本科教学改革研究项目（111415245）的研究成果之一。

（Lemke，1998，2000，2009；Royce，2002，2007；Kress，2003，2010；Jewitt，2006，2009；Stein，2008；Unsworth，2008a，2008b）。随着多模态话语分析理论的纵深发展，国内学者（如李战子，2003；顾曰国，2007；胡壮麟，2007；朱永生，2007，2008；杨信彰，2009；张德禄，2009）也日益关注多模态话语分析理论在外语教学领域的应用，并且涌现出大量对外语教学富有启发的研究成果。上海同济大学张德禄教授的新作《多模态话语分析理论与外语教学》一书反映了国内多模态外语教学研究的新进展。该书于2015 年 5 月由高等教育出版社出版。作为国内首部基于功能符号学视角系统研究多模态外语教学的专著，该书从理论和实践两个维度深入探讨了多模态话语分析的理论基础、分析框架、多模态话语研究方法以及多元读写能力培养模式、多模态课堂话语的协同等理论和实践问题。该书视角新颖，理论与实践并举，展示了该领域研究的新动态和新进展，是一部值得认真研读和参考的优秀力作。

2. 简述

除绪论外，全书共有 18 章。鉴于该专著来源于国家社会科学基金结题项目"外语教学课堂多模态话语研究"（08BYY030），绪论简要介绍了项目研究的来源、背景、选题动因、国内外相关研究现状、研究意义、内容、方法以及研究的重点、难点问题、研究的主要观点和创新之处，并最后勾勒了全书的内容范围和组织结构。本文分三个部分简要介绍该书的内容和亮点。

第一部分（第一至第九章）探讨了多模态话语分析的理论与方法论问题。

第一章"多模态话语分析理论的基础" 探讨了多模态话语分析的理论基础，即系统功能语言的社会符号学理论。首先，作者深入细致地描述了社会符号学发展历程、社会符号学基本特点和特征。随后，在论及社会符号学与多模态话语分析理论的关系时，作者区分了社会符号学中两个重要的基本概念"现实"（reality）和"社会实践"（social practice），强调"话语是社会实践或者现实的一个实例"（张德禄，2015：22）。最后，作者基于社会符号学与多模态话语分析理论的关系尝试性地构建了多模态社会符号学理论框架，并指出该框架还待进一步验证和完善。

第二章"多模态话语分析理论框架"探讨了多模态话语分析的理论框架。文中作者借鉴和发展了 Martin（1992）的多模态话语分析框架，尝试性地构建了一个以不同模态协同构建话语整体意义为基础的多模态话语分析的综合框架。该分析框架为多模态外语教学的实践研究提供了可操作性的工作模式。

第三章"多模态符号资源及媒体系统"阐述了什么是符号系统、媒体系统产生的原因、媒体和模态关系以及媒体的分类。文中作者基于功能符号学视角把符号系统看作一个意义潜势，即所有交际模态都视为一个独立的意义生成资源，共同参与交际并建构话语意义。

第四章"多模态话语的设计"主要探讨了多模态设计的理论。作者首先界定了多模态设计的定义，回顾了多模态设计的历史沿革和发展，考察了多模态设计在模态系统的层次及其在各个层次的次系统、实例和层次之间的关系。随后，作者阐述了多模态设计的四个主要制约因素以及多模态设计的操作过程，并在结语处说明，在多模态话语时代，设计应用前景广阔，其研究的潜力很大，为该领域研究者提供了前瞻性的指导。

第五章"多模态话语的语法构建"探讨了多模态语法构建的原因、制约因素、基本原则、基本程序等宏观问题。文中作者回应了目前许多学者如 Machin（2007）的研究困惑，即是否有必要为所有的符号系统建立语法。基于此，作者试图从符号的层次、类型和维度澄清哪些符号系统适合建构语法，并说明在起始阶段应该为每个适合建构语法的符号系统单独建构语法。同时作者还强调为某个符号建构多模态语法只是一种参考模式，需要经历实践—理论—实践的多次验证和完善才能将其语法确立下来。

第六章"多模态话语分析的研究方法"重点阐述了目前多模态话语研究中使用的六类研究方法：定性法、定量法、比率一致法、对比分析法以及适合于静态和动态多模态语篇分析的体裁功能成分分层切分法和适合于动态多模态语篇分析的主位分栏多模态的分析法。为便于分析讨论，作者采用定性和定量相结合以及体裁功能成分分层切分法探讨静态交通标志牌的多模态话语的图文关系和动态电视天气预报语篇中的模态协同关系。

第七章"多模态读写能力培养模式"详细介绍了多元读写能力的定义、特点，区别了"主模态"和"辅助模态"、"自动模态"和"有意识选择模态"两组概念，以及多元读写能力发展的动因、多模态选择的过程、多元读写能力框架。随后，作者指明在当前教育日益多模态的语境下，应该发展学生的多元读写能力，以迎接世界文化多样性和信息交流多样化的挑战。最后，作者基于新伦敦小组的设计理论探讨多元读写能力培养的学习模式和学习内容，并构建了适合中国大学英语教学语境下的多元读写能力的教学培养框架。

第八章"多模态课堂设计的环境和制约因素"探讨了多模态课堂设计的三大环境和制约条件。在引言部分，作者开宗点明了多模态设计概念的重要性的原因。其次，从理论背景和文化语境两个维度重点探讨多模态课堂设计的文化背景，并参照情景语境的三个变项思路论及教学内容、师生资源和教学条件对外语教学起决定性作用的因素。最后，总结归纳出外语教学中常见的五大教学理念的类型以及教学理念与教学方法的关系。作为教学理论的重要组成部分，教学方法使用得当与否对学生的学习过程和学习结果起着重要影响。因此，作者重点强调了在多模态课堂设计中必须遵循以教学理论为先导的原则，通过探索适合中国国情的外语教学方法来克服当前"外语教学中呈现的'一时热''一窝蜂''一锅煮'等立竿见影的短期行为"（张德禄，2015：163）。

第九章"多模态外语课堂教学设计框架及应用"考察了多模态课堂设计的理论框架，并提供了一个以体裁结构为基础的多模态课堂设计的实例，同时还考察了多模态课堂设计的教学理念类型、教学程序以及多模态课堂设计中教学方法选择与模态选择原则。张德禄（2015）认为，在多模态教学语境下，教学模态的选择是在最优化和最简单化的矛盾中博弈，故模态选择的总原则应该以最佳效果原则为总指导，同时还应该兼顾有效原则、适配原则和经济原则。

第二部分（第十至第十七章）主要探讨了多模态话语分析理论在外语教学实践中的应用。

第十章"外语课堂教学模态之间的协同关系探索"和第十一章"多模态课堂话语的模态配合探索"两章主要探讨了在多模态外语课堂教学语境下，不同模态是如何相互协同配合，共同参与建构课堂话语的整体意义。第十章作者基于 Halliday（1994）的逻辑语义关系和衔接理论、Royce（2007）的符际互补理论和张德禄（2009）的互补关系理论建构了多模态语篇中模态互补性分析框架，通过选择两个教学竞赛的课堂实例来探讨不同模态在教学中的作用和协同关系，并据此反观当前中国外语教学的现状，对优化大学英语课堂教学具有一定的启发和借鉴作用。第十一章作者应用定性的实证研究方法，基于长达 28 分钟的大学英语教学竞赛视频语料，考察外语教学中多模态课堂话语的协同和配合作用。研究说明了在多模态课堂教学中，口语模态是建构课堂话语意义的主要模态，但需要其他模态来补充共同完成教学目标。在小结部分，作者再次回应了第五章关于是否要建构多模态语法理论的争议问题，并说明"模态的语法是多模态研究的基础，也是多模态协同研究的结合点"（张德禄，2015：210），由此论证了建构多模态语法的必要性。

第十二章"多模态话语教学与外语学习——PPT 演示教学与学习态度"、第十三章"多模态话语教学与外语学习——PPT 演示教学与学习绩效"和第十四章"多模态话语教学与外语学习——教师话语与学习绩效"三章重点探讨了多模态 PPT 演示教学对学生学习态度的影响、多模态 PPT 演示教学与学生学习绩效的相关性以及多模态话语教学中教师话语与学生学习绩效的关系。第十二章和第十三章由作者的博士生张征博士执笔，主要探讨将多模态 PPT 演示教学模式引进外语课堂教学的可行性和有效性问题，通过采用问卷调查、半结构访谈、平行班对比分析等分析工具进行定量和定性相结合的实证研究方法，论证该教学模式对于改善学生学习态度和提高学生总体英语水平有一定的相关性，说明了该教学模式对培养学生的多元读写、自主学习能力和提高学生的短时记忆能力均具有较强的实用意义。第十四章由作者的硕士生刘秀丽副教授执笔。本章探讨了大学英语教师多模态课堂话语与学生学习积极性的关系，基于学习动机理论、Norris（2004）的注意层次理论以及教师的人格魅力和教学理念，构建了教师多模态话语与学生学习积极性和绩效的分析框架，通过问卷调查、网上投票和教学实验，辅以平行班对比分析和定量分析的实证研究方法，探究大学英语教师多模态课堂话语与学生学习积极性的关系，为如何优化大学英语教师多模态课堂话语研究提供了一个富有价值的实践参考。

第十五章"外语课堂教学的模态系统与选择"考察了多模态外语教学中模态系统的选择和应用。首先，作者在引言部分详细分析了多模态交际手段能够提高教学效果的原因，即多模态学习的优势。其次，从教学环境、教学设计、教学程序、教学方法、教学模态和教学实施等多方制约因素，探讨多模态外语教学的模态系统的选择及其在课堂教学中的应用。最后，作者依据外语课堂教学多元读写能力培养模式、体裁结构潜式，制定出一个多元读写能力培养模式的教学模态选择系统框架。

第十六章"论设计学习——多元读写能力培养探索"探讨了设计学习在多元读写能力培养模式构建中的作用。文中作者分析了设计学习理论的优势和设计学习理论的要素，通过创新性地把整个学习过程置入"已有设计—设计过程—再设计"的框架中，构建了设计学习的综合理论框架，并说明该分析框架还需经过不断教学实践来验证其是否具有系统性、完整性和综合性特点，从而进一步完善和发展了该理论框架。

第十七章"多模态性外语教材编写原则探索"主要探讨了具有多模态特点的外语教材的编写原则。通过文献综述，作者首先梳理了普通外语教材的编写原则和具有多模态特点的外语教材的编写原则的研究现状和发展脉络，并分析了制约多模态性教材编写的四个主要因素，即培养目标、环境、外语教学的条件和教材的体裁结构。其次，作者论述了多模态性外语教材的基本特点和类型。最后，探讨了纸质、电子和演示教材的宏观和微观编写原则，并在结语处提及研究局限性和未来研究趋势。

第三部分即该书的最后一章第十八章"总结与结论"。作者归纳总结了全书内容、研究创新点、研究的理论和实践意义以及研究的局限性，并指出多模态话语理论在理论和实践研究各方面都需要进一步探讨和完善，并提出了许多值得深入思考的课题，为该领域的后续研究提供了指导性的方向。

3. 简评

正如前文所言，该书是迄今为止国内第一部系统研究多模态话语分析理论与外语教学的专著，展示了国内多模态外语教学研究的最新研究成果和进展，代表了国内该领域自主创新性研究的主要方向，是开创性和里程碑式的研究尝试。该书汇集了作者近七年来对多模态话语理论和外语教学研究的潜心思考。纵观全书，该书具有以下三个主要亮点。

第一，该书重视多模态话语的理论建构和实践相结合。换言之，即"注重在理论模式的基础上发展操作模式，为应用理论指导实践提供有效的具体操作路线和指导方针"（张德禄，2015：298）。国内该领域研究者多局限于将多模态话语理论作为一种理论分析框架来研究课堂话语意义，很少从发展、完善多模态话语理论的高度探究外语教学中不同模态的协同配合、模态调用、设计、互动等研究问题。因此，该书的研究无论从理论还是实践上都取得了较大的突破，实现了国内多模态外语教学研究理论与实践的自主创新，填补了该领域的研究空白。该书提供的大量多模态外语教学研究实例，验证了该理论对于研究多模态课堂话语的可行性和可操作性。

第二，该书重视研究方法的创新性和科学性，强调实证研究和实际教学实践相结合。该书的研究范式使研究者意识到在多模态外语教学研究中，不仅要关注当前多模态在外语教学领域的非实证的主流应用研究，而且要整合和使用非主流的定量的实证研究方法来进行诸如多模态外语教学设计和教学效果相关性等实证研究。因为，以"实证研究为核心的微观研究是多模态外语教学研究的着力点，多种研究方法结合并用将成为多模态外语教学实证研究的趋势"（耿敬北等，2014）。基于此，该书在很大程度上深化了研究者对多模态话语理论的理解，为相关研究指明了方向并提供了可借鉴的研究范式。

第三，该书语言平实易懂、结构清晰、内容翔实且文献丰富。从语言使用上看，作者力求通过使用通俗易懂的专业词汇帮助读者梳理重要概念和理论，避免使用晦涩生僻难懂的过于专业的词汇；从结构安排上看，每一章节前均有引言，节后有小结，文中每章节都附有小标题，便于读者阅读和掌握文中关键内容，起到了提纲挈领的作用；从研究内容和引用文献上看，该书几乎涵盖了外语课堂教学多模态话语理论和实践研究的方方面面。同时该书引用中英文参考文献多达 238 条，且多为该领域最有影响的经典文献，对于该领域的研究者具有较高的参考价值。

当然，该书也存在待改进之处。其一，由于该书是在作者近七年发表在国内外语类核心刊物上的研究论文基础上改编而成，因此"在系统性和完整性上可能存在一定的缺陷"（张德禄，2011：前言 xii），且文中有多处章节内容出现重复现象。其二，该书在研究方法上立足少量的实证和定量的分析方法，大大提高了研究结果的信度和效度，但总体而言，多以宏观的论述和描写的定性研究方法居多，且未借鉴多模态语料库的研究方法对大样本的课堂话语做更为详细的描述和解读。基于多模态语料库的量化分析在一定程度上可以克服多模态话语研究长于描述却缺乏宏观层面探讨的局限性。（Jewitt，2009）

其三，该书在绪论和附录参考文献处出现个别小疏漏。如绪论、分工和致谢处，文中的数字表述出现与文后具体章节论述的数字存在不一致现象。应将"张征负责第 13、14章的主要研究任务，刘秀丽负责第 15 章的研究任务"的表述修订为"张征负责第 12、13 章的主要研究任务，刘秀丽负责第 14 章的研究任务"。另外，参考文献部分（310 页处）出现错误表述和重复现象，应该删除作者"徐娴静"处的文献引用内容，修改为"徐静娴，2006，多元读写与动画叙事课程在国语文领域统整中的应用[J]，《台湾师大学报：人文与社会类》51（2）：55-77"。

尽管该书存在美中不足之处，但瑕不掩瑜，作为国内首部多模态外语教学自主创新研究成果，具有较高的学术和应用价值，对于从事多模态话语理论研究的研究者而言，是一本不可或缺的参考书。

参考文献：

Halliday, M. A. K. 1994. *Introduction to Functional Grammar* (2nd edition). London: Edward Arnold.

Jewitt, C. 2006. *Technology, Literacy and Learning: A Multimodal Approach*. London: Routledge.

Jewitt, C. 2009. *The Routledge Handbook of Multimodal Analysis*. London: Routledge.

Kress, G. 2003. *Literacy in the New Media Age*. London: Routledge.

Kress, G. 2010. *Multimodality: A Social Semiotic Approach to Contemporary Communication*. London: Routledge.

Lemke, J. L. 1989. Multiplying meaning: Visual and verbal semiotics in scientific text. In J. R. Martin & Veel, R. (eds.). *Reading Science: Critical and Functional Perspectives on Discourses of Science*. London: Routledge.

Lemke, J. L. 2000. Multimedia literacy demands of the scientific curriculum. *Linguistics and Education*, 10(3): 247-271.

Lemke, J. L. 2009. Multimodal genres and transmedial traversals: Social semiotics and the political economy of the sign. *Semiotica*, (177): 1-4.

Machin, D. 2007. *Introduction to Multimodal Analysis*. London: Hodder Arnold.

Martin, J. R. 1992. *English Text: System and Structure*. Amsterdam: John Benjamins.

Norris, S. 2004. *Analyzing Multimodal Interaction: A Methodological Framework*. London: Routledge.

Royce, T. 2002. Multimodality in the TESOL classroom: Exploring visual-verbal synergy.

TESOL Quarterly, 36(2): 191-205.

Royce, T. 2007. Intersemiotic Complementarity: A Framework for Multimodal Discourse Analysis. In T. Royce & Bowcher, W. *New Directions in the Analysis of Multimodal Discourse*. London: Lawrence Erlbaum Associates.

Stein, P. 2008. *Multimodal Pedagogies in Diverse Classroom*. New York: Routledge.

Unsworth, L. 2008a. *Multimodal Semiotics: Functional Analysis in Contexts of Education*. London: Continuum.

Unsworth, L. 2008b. *New Literacies and the English Curriculum: Multimodal Perspectives*. London: Continuum.

耿敬北、徐以中、陈子娟，2014，我国多模态外语教学研究综述，《山东外语教学》，第 6 期，68-73 页。

顾曰国，2007，多媒体、多模态学习剖析，《外语电化教学》，第 4 期，3-12 页。

胡壮麟，2007，社会符号学研究中的多模态化，《语言教学与研究》，第 1 期，1-10 页。

李战子，2003，多模式话语的社会符号学分析，《外语研究》，第 5 期，1-8 页。

杨信彰，2009，多模态语篇分析与系统功能语言学，《外语教学》，第 4 期，11-14 页。

张德禄，2009，多模态话语分析综合理论框架探索，《中国外语》，第 1 期，24-30 页。

张德禄，2012，语篇分析理论的发展及应用，北京：外语教学与研究出版社。

张德禄，2015，多模态话语分析理论与外语教学，北京：高等教育出版社。

朱永生，2007，多模态话语分析的理论基础与研究方法，《外语学刊》，第 5 期，82-86 页。

朱永生，2008，多元读写能力研究及其对我国教学改革的启示，《外语研究》，第 4 期，10-14 页。

A Review of *Multimodal Discourse Analysis and Foreign Language Teaching*

Lin Meizhen, Fujian Agriculture and Forestry University

Abstract: This paper reviews the book *Multimodal Discourse Analysis and Foreign Language Teaching* published by Higher Education Press in 2015 in China. This is the first book of its kind that systematically explores multimodal discourse analysis and foreign language teaching research. It represents new advances in the analysis of multimodal discourse and stands out as an important literature for those working in the study of multimodal foreign language teaching research. This paper first briefly introduces the main idea of each chapter and then merits and limitations of the book are also discussed.

Key words: multimodality, multimodal discourse analysis, foreign language teaching

作者简介：

林美珍，女，福建农林大学文法学院讲师，硕士。研究方向：功能语言学、语篇分析研究。

2016 年国内期刊发表的话语研究方面的 100 篇论文题目索引

1. 曹青，2016，话语的叙事分析法：理论、方法与实例，《话语研究论丛》，第 2 辑，1-21 页。

2. 常江、那云子、何仁亿，2016，美国主流媒体对中国与印度形象再现的话语差异，《新疆大学学报（哲学·人文社会科学版）》，第 4 期，151-156 页。

3. 陈建平，2016，中外大学机构身份话语建构比较研究，《中国外语》，第 4 期，29-39 页。

4. 陈梅松、陈新仁，2016，"中国梦"话语的模因论阐释，《天津外国语大学学报》，第 4 期，30-33 页。

5. 陈松菁，2016，舞台叙事的多模态语篇研究——基于对一次英语朗诵比赛的舞台语言使用分析，《外语与外语教学》，第 4 期，70-78 页。

6. 陈薇，2016，被建构的"自由行"：新闻话语的宏观语义、符号方式与权力关系，《国际新闻界》，第 7 期，24-40 页。

7. 陈文革、陈蓉蓉，2016，权力再制与抵制的修辞策略——以杭州地铁价格听证会为例，《天津外国语大学学报》，第 5 期，7-12 页。

8. 陈勇、冯智强，2016，英国《卫报》关于钓鱼岛争端系列报道的批评话语分析，《话语研究论丛》，第 2 辑，102-118 页。

9. 陈新仁、李梦欣，2016，学术语境下的身份冲突及话语策略——基于学术会议主持人话语的分析，《外语研究》，第 2 期，16-22 页。

10. 丁建新，2016，作为文化的语法——功能语言学的人类学解释，《现代外语》，第 4 期，459-469 页。

11. 董建苗，2016，邀请函的话步变化与邀请者的自我推介——两次学术会议邀请函的批评话语分析，《话语研究论丛》，第 2 辑，77-87 页。

12. 樊友猛、谢彦君、王志文，2016，地方旅游发展决策中的权力呈现——对上九山村新闻报道的批评话语分析，《旅游学刊》，第 1 期，22-36 页。

13. 范逢春，2016，建国以来基本公共服务均等化政策的回顾与反思：基于文本分析的视角，《上海行政学院学报》，第 1 期，46-57 页。

14. 付海燕，2016，中美博物馆机构身份的话语建构——基于语料库的批评话语分析研究，《天津外国语大学学报》，第 6 期，35-39 页。

15. 高丽珍、毛浩然，2016，主题建构、受众体验与叙事修辞：《我是演说家》演讲策略分析，《南京晓庄学院学报》，第 4 期，61-66 页。

16. 高益民、张奂奂、刘志朋，2016，从学术纠纷案看司法的"学术尊重"——基于话语分析的方法，《清华大学教育研究》，第 3 期，109-117 页。

17. 耿敬北、陈子娟，2016，网络社区多模态话语分析——以 QQ 群话语为例，《外语教学》，第 3 期，35-39 页。

18. 郭庆民，2016，批评话语分析的客观性与科学性评述，《外语与外语教学》，第 5 期，69-77 页。

19. 郭旭、欧阳护华，2016，"我们 / 我"与人际意义建构——基于突发事件新闻发布会问答环节发言人的立场性应答话语，《话语研究论丛》，第 2 辑，35-51 页。

20. 郭旭、欧阳护华，2016，中国政府新闻发布会发言人应答话语的人际意义研究，《天津外国语大学学报》，第 6 期，29-34 页。

21. 韩存新、赵巧容，2016，批评话语分析中的语料库语言学方法，《话语研究论丛》，第 3 辑，108-121 页。

22. 何少娴、尤泽顺，2016，批评话语分析与西方修辞学：共性与分野，《福建师范大学学报（哲学社会科学版）》，第 6 期，52-60 页。

23. 侯松，2016，批评话语分析视域中的"人流"建构——基于一个新三维框架的案例分析，《话语研究论丛》，第 3 辑，29-41 页。

24. 胡范铸、金志军，2016，"公关语言"研究："国家与机构形象修辞"探索的先声，《当代修辞学》，第 6 期，30-33 页。

25. 胡江，2016，意义单位与批评话语分析——基于语料库的西方媒体涉华军事报道意识形态分析，《解放军外国语学院学报》，第 5 期，73-81 页。

26. 黄敏，2016，中国近代"社会理想"的话语建构——基于晚清、民国两大期刊数据库的分析，《外语与外语教学》，第 6 期，22 页。

27. 纪卫宁、辛斌，2016，语类与社会变迁——基于教材前言语类的历时研究，《山东外语教学》，第 1 期，12-18 页。

28. 兰良平，2016，叙事身份研究的社会实践转向，《话语研究论丛》，第 2 辑，22-34 页。

29. 李京丽，2016，网络求助文本的话语研究——对"轻松筹"和"微爱通道"的三个案例分析，《新闻界》，第 11 期，47-53 页。

30. 李明洁，2016，"屌丝"的身份建构与价值观博弈——兼谈语言身份的特殊性，《中国青年研究》，第 3 期，81-88 页。

31. 李耘耕，2016，从"批判话语分析"（CDA）到"传播民族志"（EoC）——话语、传播实践与"钟情妄想症"的分析示例，《暨南学报（哲学社会科学版）》，第 9 期，100-110 页。

32. 李战子，2016，话语分析与新媒体研究，《当代修辞学》，第 4 期，46-55 页。

33. 梁晓波、曾广、谭桔玲，2016，军事话语国内外研究概述，《解放军外国语学院学报》，第 6 期，33-44+158 页。

34. 林予婷、苗兴伟，2016，战争合法化的话语策略——美国总统阿富汗战争演讲的批评话语分析，《外语与外语教学》，第 5 期，59-68 页。

35. 刘风光、邓耀臣、肇迎如，2016，中美政治道歉言语行为对比研究，《外语与外语教学》，第 6 期，42-55 页。

36. 刘君红，2016，第一人称代词标记性话语策略及其文化身份建构差异——基于中美电视访谈节目主持人语料，《中国外语》，第 5 期，36-42 页。

37. 刘立华，2016，中国梦与话语权的建构——一项基于语料库的新华社对外报道中国梦话语研究，《天津外国语大学学报》，第 1 期，29-34 页。

38. 刘明，2016，及物分析、作格分析及其在批评话语分析中的应用，《外国语（上海外国语大学学报）》，第 5 期，66-74 页。

39. 刘文宇、李珂，2016，国外批评性话语分析研究趋势的可视化分析，《外语研究》，第 2 期，39-45 页。

40. 刘璇，2016，高校反抄袭话语中的权威建构与体现——批评话语分析视角，《话语研究论丛》，第 2 辑，52-63 页。

41. 罗以澄、王继周，2016，医患冲突议题中新闻报道的话语策略及启示——以近年四起医患冲突事件为例，《当代传播》，第 5 期，44-47 页。

42. 毛浩然、吴丹萍，2016，商榷性评课话语的困境剖析与修辞突围，《山东外语教学》，第 6 期，18-25 页。

43. 孟玲、高一虹，2016，危机个案中咨询师多元身份认同的张力与协商——《自杀热线》话语分析，《中国外语》，第 4 期，40-47 页。

44. 苗兴伟、穆军芳，2016，批评话语分析的马克思主义哲学观和方法论，《当代语言学》，第 4 期，532-543 页。

45. 苗兴伟，2016，未来话语：中国梦的话语建构，《天津外国语大学学报》，第 1 期，24-28 页。

46. 苗兴伟，2016，批评话语分析的系统功能语言学路径，《山东外语教学》，第 6 期，10-17 页。

47. 穆军芳，2016，国内批评话语分析研究进展的科学知识图谱分析，《山东外语教学》，第 6 期，26-34 页。

48. 钱建伟、Rob Law，2016，基于评价理论介入系统的积极话语分析——以关于中国游客的评论性新闻报道为例，《广西社会科学》，第 6 期，167-171 页。

49. 钱毓芳，2016，英国主流报刊关于低碳经济的话语建构研究，《外语与外语教学》，第 2 期，25-35 页。

50. 钱毓芳、黄晓琴，2016，英美主流报刊关于"中国梦"的话语建构研究，《天津外国语大学学报》，第 4 期，15-21 页。

51. 屈册、张朝枝，2016，元阳梯田原住民的遗产认同：基于话语分析的视角，《旅游学刊》，第 7 期，43-51 页。

52. 沈继荣、辛斌，2016，两种取向；一种融合——批评话语分析与认知语言学整合研究，《山东外语教学》，第 1 期，19-26 页。

53. 施旭，2016，国防话语的较量——中美军事战略的文化话语研究，《外语研究》，第 1 期，1-10 页。

54. 宋艳玲，2016，两性权力对比视域内的会话打断研究，《外语学刊》，第 2 期，77-82 页。

55. 孙洋，2016，裁判文本中"社会效果"的批评话语分析——基于国内某省裁判文本的研究，《话语研究论丛》，第 3 辑，14-28 页。

56. 孙发友、陈旭光，2016，"一带一路"话语的媒介生产与国家形象建构，《西南民族大学学报（人文社科版）》，第 11 期，163-167 页。

57. 孙玉华、刘宏、彭文钊，2016，"克里米亚"作为语言意识形象的政治语言学研究——以普京国情咨文文本为例，《外语与外语教学》，第 6 期，1-11 页。

58. 田海龙，2016，批评话语分析精髓之再认识——从与批评话语分析相关的三个问题谈起，《外语与外语教学》，第 2 期，1-9 页。

59. 田海龙，2016，跨文化交际的话语解读：再情景化模式，《福州大学学报（哲学社会科学版）》，第 2 期，50-54 页。

60. 田海龙，2016，话语研究的语言学范式：从批评话语分析到批评话语研究，《山东外语教学》，第 6 期，3-9 页。

61. 田海龙、尹佳，2016，话语与中国的公共领域——关于吴英案的探讨，《话语研究论丛》，第 3 辑，93-107 页。

62. 唐青叶、史晓云，2016，基于语料库的南非大报对习近平主席访非报道的话语分析，《北京第二外国语学院学报》，第 1 期，14-24 页。

63. 王芳芳，2016，广告话语对产品的形象建构——对 iPhone 6/iPhone 6 Plus 广告话语的话语策略分析，《话语研究论丛》，第 2 辑，64-76 页。

64. 王加林、申智奇，2016，语用预设与香港人身份的话语建构——基于回归前后香港政府施政报告的批评分析，《天津外国语大学学报》，第 5 期，13-17 页。

65. 汪建峰，2016，跨文化话语场域中的"修辞人格"和"机构形象"——苹果"售后门"事件的修辞反思及其启示，《话语研究论丛》，第 3 辑，42-55 页。

66. 王晶，2016，虚拟公共领域中的"引力波"话语战争，《话语研究论丛》，第 3 辑，56-66 页。

67. 王立阳，2016，"传统"之合法性的构成——中国非物质文化遗产保护的话语分析，《清华大学学报（哲学社会科学版）》，第 3 期，182-190 页。

68. 汪徽、孙静，2016，政治演讲的话语空间建构——以习近平主席 2014 年国家公祭日讲话为例，《山东外语教学》，第 1 期，27-38 页。

69. 王莹、辛斌，2016，多模态图文语篇的互文性分析——以德国《明镜》周刊的封面语篇为例，《外语教学》，第 6 期，7-11 页。

70. 吴高泉，2016，抵抗与规训——黄段子灰段子与红段子的意识形态话语分析，《清华大学学报（哲学社会科学版）》，第 1 期，83-94 页。

71. 武建国、林金容，2016，篇际互文性与中国梦传播的话语策略，《中国外语》，第 5 期，43-50 页。

72. 武建国、林金容、栗艺，2016，批评性话语分析的新方法——趋近化理论，《外国语（上海外国语大学学报）》，第 5 期，75-82 页。

73. 武建国、陈聪颖，2016，2015 年批评性话语分析研究综述，《天津外国语大学学报》，第 3 期，66-73 页。

74. 辛斌，2016，沃尔夫、巴赫金和批评话语分析，《外语与外语教学》，第 2 期，10-18 页。

75. 辛斌，2016，语言的建构性和话语的异质性，《现代外语》，第 1 期，1-10 页。

76. 辛斌，2016，后现代的文化、知识和语言批评，《外语研究》，第 3 期，1-6 页。

77. 辛斌，2016，巴赫金学派的语言意识形态观和批评话语分析，《外语学刊》，第 1 期，21-27 页。

78. 辛斌、李悦，2016，中美领导人互访演讲中具体互文性的语用分析，《山东外语教学》，第 1 期，3-11 页。

79. 杨娜，2016，新闻话语研究的概念、视角和议题，《现代外语》，第 5 期，714-723 页。

80. 杨娜、吴鹏，2016，论辩话语分析视域下的批判性思维研究——以《高级商务英语》教学为例，《外语界》，第 1 期，44-52 页。

81. 杨熊端、丁建新，2016，批评话语分析视角下的民族志研究，《外语与外语教学》，第 2 期，19-24 页。

82. 姚晓东、秦亚勋，2016，边缘话语分析视角下"井底人"的空间身份管控，《现代外语》，第 2 期，169-177 页。

83. 尤泽顺，2016，哈贝马斯哲学社会学思想对批评话语分析的影响，《话语研究论丛》，第 3 辑，1-13 页。

84. 尤泽顺，2016，对话与互文性：巴赫金对批评话语分析的影响，《外文研究》，第 2 期，22-29 页。

85. 尤泽顺，2016，领导人平民化话语与国家形象建构——习近平主席外访演讲分析，《天津外国语大学学报》，第 5 期，1-6 页。

86. 尤泽顺，2016，语言与社会互动：从语言相对论到批评话语分析，《当代外语研究》，第 5 期，24-31 页。

87. 张德禄、王正，2016，多模态互动分析框架探索，《中国外语》，第 2 期，54-61 页。

88. 张慧玉、眭文娟，2016，语言转向下的组织战略变革话语研究，《管理现代化》，第 3 期，122-125 页。

89. 张慧玉、杨俊，2016，组织话语研究述评及展望，《外国经济与管理》，第 7 期，57-75 页。

90. 张莉、刘清江，2016，权力生态学的发展及其西方权力话语的分析路径，《马克思主义与现实》，第 2 期，179-184 页。

91. 张丽萍、孙胜难、周贤，2016，对话理论视角下多模态商品警示语的意义建构——烟盒警示语个案分析，《外语与外语教学》，第 4 期，63-69 页。

92. 张天伟，2016，政治领导人演讲的话语体系构建研究——基于近体化理论的案例分析，《中国外语》，第 5 期，28-35 页。

93. 张天伟，2016，基于进化心理学的批评话语研究，《外语与外语教学》，第 5 期，78-87 页。

94. 张天伟、郭彬彬，2016，批评话语分析中的话语策略和识解操作研究，《外语教学》，第 6 期，17-22 页。

95. 张跃，2016，政治新闻语篇的批评隐喻分析——以各国媒体对伊拉克问题的报道为例，《话语研究论丛》，第 3 辑，82-92 页。

96. 赵芃，2016，专家知识的话语建构及其合法化——一档电视节目中药品推广的话语策略分析，《天津外国语大学学报》，第 6 期，24-28 页。

97. 赵淑娟，2016，中美主流报纸关于天津爆炸事件的报道——基于语料库的批评话语分析，《话语研究论丛》，第 2 辑，119-135 页。

98. 甄晓非，2016，篇际互文性研究的动态系统理论进路，《外语学刊》，第 6 期，43-46 页。

99. 朱桂生、黄建滨，2016，美国主流媒体视野中的中国"一带一路"战略——基于《华盛顿邮报》相关报道的批评性话语分析，《新闻界》，第 17 期，58-64 页。

100. 朱人求，2016，话语分析与中国哲学研究范式的转换，《学术月刊》，第 9 期，38-48 页。

（中国英汉语比较研究会话语研究专业委员会秘书处供稿）